座右の諭吉 才能より決断

齋藤孝

光文社新書

まえがき

一万円札の上で意志の強そうな顔をこちらに向けているのが、福沢諭吉である。慶應義塾の創始者。『学問のすゝめ』や『文明論之概略』などの名著を残した教育者。ここまでは誰でも知っている。もう少し福沢について詳しい人なら、日本において大学や銀行、新聞社など、現在まで続く多くのビジネスモデルを創ったマルチ経済人であることに思い至るだろう。

福沢は、中津藩の下級武士の末子《ばっし》で幼くして養子に出された。なかなか世に出にくい出自から人生を切り開いていった。弱小な豪族の生まれで幼少時から人質として育った徳川家康にも通じるものがある。

まだ開国以前にあった九州の片田舎で育った福沢が、優れた論理を構築し、出世できたのはなぜなのか。もちろん、その頭脳と見識、精神の高さには目を見はる。とはいえ、けっして不世出《ふせいしゅつ》の天才というわけではなかった。その福沢が、後世に残る仕事を成し遂げられたのはなぜなのか。

最大の理由は、福沢がその時代には珍しく、「精神がカラリと晴れた」、合理的な考え方に徹した人物だったからだ。彼はどんな閉塞《へいそく》状況にあっても、あるいはどんな難しい事態に陥《おちい》っても、まったくへこたれるところがなかった。パニックにならずに対処し続ける。無駄なことには一切悩まない。自分のやりたいことがうまく進むように具体的な手だけを打っていく男だった。

では、合理性一辺倒で、冷たい感情のイヤな人物だったかと言えばまるで違う。むしろ人から好かれ、自然と仲間の中心になってしまうようなキャラクターである。加えて、ちょっとしたことに敏感に感動する純真さ。福沢は江戸に出てきたとき、小僧が器用に鋸鑢《のこぎりやすり》を作っているのを見て素直に感心する。サンフランシスコのホテルでは、絨毯《じゅうたん》が敷き詰められている上を人が靴で歩きまわるのを見て、「そんな贅沢《ぜいたく》なものの上を靴で歩くのを見たときには途方もないことだ」と驚いている。感性が柔軟なのだ。福沢はそんなふうにどこか可愛らしい、人間的な魅力も十分備えていた。

つまり、キャラの一つ一つが突き抜けている。これらは現代の勝ち組気質にも共通するような個性なのである。

勝つと言っても、福沢は、人を陥《おとしい》れたり人から搾取《さくしゅ》したりすることはしない。はっきりとした自力《じりき》主義者だ。そのくせ、必要とあらばちゃっかり人を利用する戦略家でもある。心の交流という意味では、煮ても焼いても食えない人物かもしれない。だが、彼のようなメンタルタフネスを、まさに時代は求めていると私は思う。


私は、世に出るまで長い修業時代を送った。そのときに『福翁《ふくおう》自伝』を手にとって以来、何かの折りに開いている。私の勝手な思いこみではあろうが、自分と福沢には非常に似通った部分がある気がして、とても他人とは思えない。事を処《しょ》すに当たっての福沢独自の原則に、私は非常に共感できる。

『福翁自伝』には、福沢の人生訓や、転機からチャンスをつかんだときのエピソード、いわゆる「生きる指針」が詰まっている。本書ではその『福翁自伝』をはじめ、彼のいくつかの著書をテキストとして、私たちがいま福沢の生き方から何を学べるかをクリアにしていく。

時代は変わっても、自分の戦略で状況を打開していくことの困難さは変わらない。そんなときにこの本が、精神をカラリと晴れさせる手本となってくれたらうれしい。

二〇〇四年十月

齋藤　孝

目次

文中に引用した福沢諭吉の言葉で特に表記のないものは、『福翁自伝』（岩波文庫）からの引用です。

Ⅰ 独立の章

1　精神はカラリとしたもの

幼少の時から神様が怖いだの仏様が難有《ありがた》いだのいうことは一寸《ちょい》ともない。卜筮《うらない》呪詛《まじない》一切不信仰で、狐狸《きつねたぬき》が付くというようなことは初めから馬鹿にして少しも信じない。子供ながらも精神は誠にカラリとしたものでした。（一三ページ）

雲一つない心

福沢は、躁鬱《そううつ》など、精神的な病《やまい》からもっとも遠いメンタリティを生きた。それは気質というより、生き方のスタイルだ。最近問題になっているプチ鬱や中年クライシスなどのような精神的な落ち込みを寄せ付けないものがあった。

おそらく、「精神」という言葉に「カラリとした」という修辞句を結びつけた初めての日本人は福沢だろう。私は、このフレーズが大好きだ。

ほとんどの日本人は、悩むことに誠実さを見出す。「カラリ」とした湿り気のなさと精神のあり方とを一緒に捉えようという発想がない。そして月に雲がかかったような湿ったメンタリティを好む。新選組など幕末の志士たちや、源義経など薄幸《はっこう》の者たちへの衰えない人気を見ても、日本人は悲劇のヒーローに対して非常に判官贔屓《ほうがんびいき》のクセが強いことがわかる。

私に言わせれば、彼らは近視眼的で血気盛んな青年たちだ。歴史上、それほど重要な役割も果たさなかったこれらの人物をみんなで持て囃《はや》す理由がいまひとつ理解できない。弱さや政治的能力の低さは黙認し、無闇に熱い志をよしとする大人たちが社会を作っているから、現在でも日本人の精神にはドロドロしたものがあるのではないか。

ところが福沢の心には、雲一つない。一言でいうと、福沢は精神がカラリと晴れている。まさにカタカナで「カラリ」と書くのがふさわしい、精神の独立と自由の気風に満ちた男だ。「くよくよするな」的な単純なポジティブ・シンキングではない。福沢の場合、考え方の根本からして違うのだ。成功している会社の経営者には多い、身も蓋《ふた》もないほど湿度の低い本物の大人なのである。

福沢は「民」とはいえ、〝日本国家〟を動かす立場にいた。相当いろいろな勝負を仕掛けなくてはいけなかったはずだ。本当なら、その一つ一つがストレスになって、彼の心に重くのしかかっていってもおかしくはない。

だが福沢がそうした多忙な日常から積み上げていったのは、経験知だけだ。ダメージを受けたこともあっただろうが、引きずらない。ネガティブなものを整理してすっと捨てられる潔《いさぎよ》さがあるから、心にスペースを作れる。どこかに余裕がある。

こんな男を最近見たことがあったなと思っていたら、アテネオリンピックの柔道六〇kg級金メダリスト、野村忠宏《のむらただひろ》選手だった。オリンピック三連覇を果たした野村選手が、前人未踏の記録達成のインタビューで、「周りを見ても、自分ほど金メダルの似合いそうな選手はいなかった」と答えているのを見た。その屈託《くったく》のなさに思わず笑ってしまった。オリンピック直前の私との対談（『五輪の身体』日本経済新聞社参照）でも、自分より技のキレる選手は世界でも見たことがないと語っていた。思いこみでなく、カラリと客観的な評価をしているだけだ。野村選手は、勝つことにためらいがない。負い目がない。福沢もそうだった。こうした遠慮のないタイプが勝負事向きなのだ。

人間は、勝ち続けることを不安に思うケースがままある。順調に物事が運んでいるのに、「こんなにうまくいくわけがない」「次は失敗してしまう気がする」と、快進撃に勝手に自分でブレーキをかけてしまうわけだ。

それを見事克服した一例が、二〇〇四年夏の甲子園の優勝校、北海道駒大苫小牧高校だ。東北以北のチームはこれまでわりに勝負弱かった。自分たちレベルの野球が勝ち続けていいのかという控えめさ、心の弱さがあるために、勝てるだけの練習はしたと思っても、最後の最後で粘れない。コーチング理論で有名なティモシー・ガルウェイのインナー・ゲーム理論で言うところの〝リラックスした集中〟から遠い状態になってしまい、「勝ってやるぞ」という意気込みで来る四国や九州勢に、勝負を持って行かれてしまうのだ。ところが、この夏初めて優勝旗が津軽海峡を越えた。私は感動を覚えずにはいられなかった。

悩む暇があったら勉強したほうがいい

日本社会には、人間的な成長のためにぐずぐず悩むことをよしとする傾向が強くあったように思う。これは私小説の悪い影響もあったのかもしれない。私自身も長いこと、精神は晴れきってはいけないという、無意識の抑圧を感じていた。その思い込みを払拭《ふっしょく》してくれたのが福沢だ。

青年期の彼がナーバスな感傷や自分探しの代わりに何をしたかといえば、カラリと晴れたあの精神のままに、ただ勉強をしていたのである。私自身も人生に悩んだ時期が長かったので痛感する。人生にぐずぐず悩むヒマがあるならもっと勉強をすればよかったのだ。

もういまの時代、〝精神的に不安定〟であることと〝精神性が高い〟こととをイコールで捉《とら》えることはやめてしまっていいのではないかと私は思う。悩み過ぎることは、単にエネルギーの消耗しか生み出さない。

もちろん、精神の不安定さはしかたがないところもある。そういうタイプの人もいるし、そういう時期にはまることもある。だが、不安定であること自体が価値を持つわけではない。自分の精神を痛めつけ、ぐちゃぐちゃと悩みをかき回さなくても、読書や勉強で経験知が増えれば思考は十分複雑になる。それでいてカラリとしていられたら最高だ。

最近は、若者の不安定さだけでなく、どう生きるべきか悩んでしまう中年の危機も話題になっている。だが、それで自死という解決法を選ぶことについてははなはだ疑問だ。

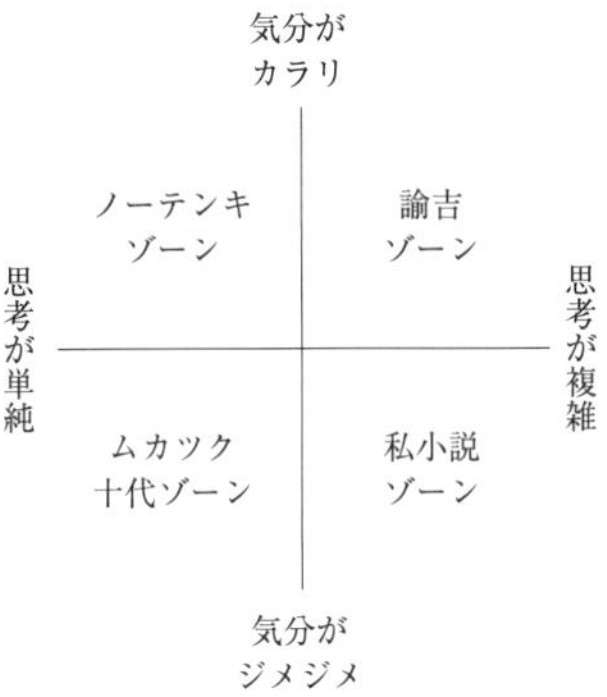

中年になれば誰でも若々しい魅力や精力は落ちてくる。いろんな生命力が落ちる年代なのだから、衰退するのは当然だ。だが、だからといってそれを危機だと考えるのは少々ペシミスティックな気がする。

年を取って足が遅くなったところで、普通は絶望しない。それと同じように、年を取って精力が弱ったからといって、後ろめたさを感じる必要はない。「足も遅くなるぐらいだから精力も落ちるよな」と、すっきり考えればすむことだ。

こうしたカラリとした生き方は、子どものうちから心にしっかり刻んだほうがいいかもしれない。

ちなみに福沢は、「イソップ物語」を訳している。


「夏の終《おわり》に生残《いきのこ》りし一疋《いっぴき》の蟲螽《いなご》、飢寒《うえさむさ》に堪《た》へ兼《か》ね半死半生《はんしはんしょう》の様《さま》にて蟻《あり》の家に来《きた》り、見苦しくも腰を屈《かが》めて、『君が家に貯へたる小麦にても大麦にても、唯《ただ》一粒を恵《めぐみ》てこの難渋《なんじゆう》を救い給へ』と請願《こいねが》ひしに、一疋の蟻これを詰《なじ》り問ひけるは、『我らは夏の間に辛抱《しんぼう》して兵糧《ひようろう》を貯えしに、君においては更《さら》にその用意もあらず。長き夏中《なつじゆう》のその間は何事に日を送られしや』との尋《たずね》に、蟲螽《いなご》も赤面し、『さればその事なり。夏の間は唯《ただ》面白く月日を送り、朝《あした》には露《つゆ》を飲み夕《ゆうべ》には月に歌ひ、花に戯《たわむ》れ草に舞ひ、冬の来《きた》らんとはゆめゆめ考へざりしなり』と答れば、蟻の云《いわ》く、『君の言葉を聞《きい》ては我らには別にいふべきこともなし。誰にもあれ、夏の間に歌舞《かぶ》飲食《いんしょく》する者は冬に至《いた》りて餓死《うえじ》ぬべきはずなり』と」(『イソップ物語抄』「蟻と蟲螽《いなご》の事」)

「子供はあわて、村に帰りて『おほかみおほかみ』と声を限りに呼び叫べども、村の者は落付《おちつき》はらひ、最早《もはや》二度《ふたたび》はだまされぬぞとて見向く者もあらず。これがため夥多《あまた》の羊《ひつじ》はみすみす狼《おおかみ》に取られければ、羊の主人《しゆじん》はこのよしを聞《きい》て大《おおい》に怒り、直《すぐ》にこの子供へ暇《いとま》を遣《つかわ》したり。

右の次第にて、戯《たわむれ》とはいひながら、一度《ひとたび》の虚言《うそ》を以《もつ》て、この子は渡世《とせい》の道を失ひたり」（同書「羊飼《か》ふ子供　狼と呼びし事」）

この文語体の訳文の身も蓋もなさは、悩める心とは対極にあるものだ。

2　喜《き》怒《ど》色に顕《あら》わさず

あるとき私が何か漢書を読む中に、喜《き》怒《ど》色に顕《あら》わさずという一句を読んで、その時にハット思うて大いに自分で安心決定《あんじんけつじょう》したことがある。「これはドウモ金言だ」と思い、始終忘れぬようにして独りこの教えを守り、ソコデ誰が何《なん》と言って賞《ほ》めてくれても、ただ表面《うわべ》に程よく受けて心の中には決して喜ばぬ。また何《なん》と軽蔑されても決して怒《おこ》らない。どんなことがあっても怒ったことはない。

（二二五ページ）

話半分で聞いておく

褒められてもけなされても話半分で聞いておく。喜怒哀楽にいちいち振り回されないというのが福沢の特徴のひとつだ。

つまり、非常にメンタルコントロールができた人物だといえる。たとえ理不尽なことをされても、福沢は下手にカーッと頭に血がのぼるようなことはない。そういう場合に、怒りにまかせて喧嘩《けんか》をしても解決できることはあまりないと知っているのだ。現実の人間関係もそうだろう。たとえば、上司に根拠のない非難を受けたとする。声高に言い返しても、事態は好転しない。むしろ悪くなってしまうことが多いはずだ。

福沢は、そうした無駄な精神の疲弊をできる限り避けた。不利になるくらいなら、その場ではいい顔をして適当にやり過ごし、別の手で仕返しをしたほうがいい。福沢は子どもの頃に漢書で読んだ「喜怒色に顕わさず」を自分のポリシーと定め、冷静さを失ったことはなかった。「始終忘れぬようにして独りこの教えを守り」という言葉に、自己トレーニングのきびしさが感じられる。反復して口に出して身に技としてしみこませていったのだ。

ぎりぎりのところで踏み止まる

福沢のメンタルタフネスぶりを示すエピソードを見てみよう。

福沢が蘭学を志し長崎に向かったのは、二十一歳のときだ。二十一といってもこれは数えで、実際はわずか十九歳三カ月、二十歳にも満たない。

彼は藩の家老である奥平家の口利きにより、地役人で砲術家の山本物次郎の家の居候となる。そして山本の手足となって熱心に働き学んだ。そしてあっという間に、先に砲術を学んでいた奥平の息子で兄弟子にあたる奥平壱岐《おくだいらいき》を追い抜いてしまう。そうなると壱岐は面白くない。福沢の弁によれば、壱岐は「ただ大家の我儘《わがまま》なお坊さんで智恵がない度量がない」（三〇ページ）男だ。それゆえ自分よりできる福沢をやっかむようになる。そして邪魔になった福沢を中津へ帰してしまおうと、壱岐の父親までが一緒になって奸計《かんけい》をめぐらせたのだ。福沢の母親が病気になったと、わざわざ嘘の手紙まで寄越させた。

窮屈な中津からやっと脱出できたのに、帰らされてはたまらない。福沢はさすがに怒りを覚えた。「私はこれを見て実に腹が立った。何だ、鄙劣《ひれつ》千万な、計略を運《めぐ》らして母の病気とまで偽《うそ》を言わせる、ソンナ奴があるものか、モウ焼《や》けだ、大議論をしてやろうかと」（三二ページ）考える。

結局、福沢はどうしたか。

「今アノ家老と喧嘩をしたところが、負けるに極《きま》っている」、「アンナ奴と喧嘩をするよりも自分の身が大事だと思い直して」（三一ページ）、その計略に気づかぬふりで乗ることにした。

現代なら、奥平親子に食ってかかったり、山本に一部始終を相談し、取りなしてもらうという手もある。だが、奥平家の策略が山本に知れると、奥平の面目《めんもく》が潰れる。当時の厳しい門閥制度の下では、どんなとばっちりを食うかわからない。福沢はそう読んで、ことの次第を胸に秘めたまま暇乞《いとまご》いをし、長崎を出た。

もちろん福沢は、唯々諾々《いいだくだく》と中津へ帰るつもりはなかった。「ふと江戸に行きたくなったので江戸に行きます」という人を食ったような手紙をことづけて、ちゃっかり江戸へと向かう。そういう腹芸のできる人だった。しかも、のちに福沢は、「小生あえて奥平様を怨《うら》むにあらず。ただ世禄《せいろく》を嫌うのみ」（『福沢諭吉の手紙』三九ページ）と述べている。怒りや恨みに縛られることなく、自分の可能性を広げていけた人物なのである。

もっとも、ぎりぎりのところで踏み止まる彼の沈着冷静さは、人間的魅力として見たときいかがなものかとは思う。たとえば女性にとっては、褒めても心中決して喜ばない人よりは、おだてられたらすぐ調子に乗ってしまう人のほうがずっと扱いやすくて好もしいかもしれない。

福沢自身の自己評価は、「清廉潔白、自分は品性においては劣るところなし」というものだ。だが、先のいくつかのエピソードを見る限り、福沢にはかなり人の悪いところがあったのも事実のようである。

3　浮世を軽く視《み》る

私の流儀は仕事をするにも朋友に交わるにも、最初から捨て身になって取って掛り、たとい失敗しても苦しからずと、浮世のことを軽く視《み》ると同時に一身の独立を重んじ、人間万事、停滞せぬようにと心の養生《ようじょう》をして参れば、世を渡るにさまでの困難もなく、安気に今日まで消光《クラ》して来ました。（三〇八ページ）

非玉砕《ぎょくさい》主義

これはすごい処世の術だ。福沢は決して自分の持ちうるすべてを投げ出すような真似はしない。精神的にも物質的にも、生きていくだけのものは必ず残しておいて、その余剰で勝負をかける。余裕を持って臨めば、大小の局面の変化に踊らされて一喜一憂しなくてもすむのである。

ひとことで言えば、福沢は非玉砕主義だといえる。先の引用は、非玉砕主義を貫いている福沢の屈強《くつきよう》さが如実《によじつ》に表れている。これこそ現代人が模範にしてほしい精神だ。

ところが、日本人には人生のすべてを賭けることに美学を見出すところがある。五分五分の勝負ならともかく、一か八かの負け戦でさえ戦って散る精神を評価したがる。若い世代を見てみると、「この会社に就職できなかったら就職しない」などと平気で言う。「やりたいと思っていた仕事に配属されなかったので辞める」というのもめずらしくない。玉砕の美学は根強い。

では、なぜ福沢は非玉砕主義というタフさを持てたのか。

私は福沢が、何か特定の事業への一元的な情熱に駆られてやっていたからくじけなかったとは思っていない。むしろ自分自身を複線化していったことが大きかった。翻訳、出版、学校経営、新聞発行……など、事業を広げておいたから逃げ道がある。

自分にはこれしかないという思い詰め方はしなやかさに欠ける。物事との距離感も足りない。そういう人ほど、心がポッキリと折れてしまいやすいのだ。福沢は「浮世のことを軽く視る」心構えでいたから軽やかなのだ。

福沢は慶應義塾のことも「塾を開いたその時から、何時《なんどき》でもこの塾を潰してしまうと始終考えている」（三〇七ページ）と言っている。私はこの部分には非常に共感できる。私は大学教員で、講演会もすれば、本も出す。子どもたちのための塾を開いてからもう長い。塾について言えば、私はまったく福沢と同じ心づもりでいる。いまは小学生を三百人ぐらい教えている。これは近頃の小学校一校分より多い。しかし、生徒が来なくなったらなったで閉めればいいだけだ、と至って気楽に構えている。

「腕一本で食ってますから、これ以外はやりません」という一本気な職人気質が嫌いなわけではないのだが、私自身の性とは合わない。複線化したそういうスタンスにいるほうが余裕ができて、より広く多くの仕事をこなしていけるのだ。

福沢は最終的な自分のよりどころを、「浮世の戯《たわむ》れ、仮りの相《そう》」（三〇七ページ）という言葉に見つけていた。一生懸命つとめるけれど、そう思っておけば気が楽だという思いが福沢の腹の底にあったのだろう。

「最初から是非とも永続させねばならぬと誓いを立てた訳《わ》けでもなし」（三〇七ペー

ジ）と言うように、彼は大言壮語《たいげんそうご》を好むタイプではない。誓いを立てて奮起することは一般にいいことのように思われているが、福沢は決してそうは考えていなかった。うまくいかなければ、やめてしまえばよい。この脱力加減が福沢に冒険することをためらわせなかったのだから、逆説的で愉快だ。

4　血に交わりて赤くならぬ

マア申せば、血に交わりて赤くならぬとは私のことでしょう。自分でも不思議のようにあるが、これは如何《どう》しても私の家の風《ふう》だと思います。幼少の時から兄弟五人、他人まぜずに母に育てられて、次第に成長しても、汚《きた》ないことは仮初《かりそめ》にも蔭にも日向にも家の中で聞いたこともなければ話したこともない。清浄《しょうじょう》潔白、おのずから同藩普通の家族とは色を異にして、ソレカラ家を去って他人に交わっても、その風をチャント守って、別に慎むでもない、当然《アタリマエ》なことだと思っていた。（五九ページ）

冷やかし芸という関わり方

「血に交わりて赤くならず」という福沢らしい行動原理がよく表れているくだりだ。

他にもある。

「乱暴書生に交わっても、家を成して後、世の中に交際しても、少し人に変って大きな口が利《き》かれる。滔々《とうとう》たる濁水《ドロミズ》社会にチト変人のように窮屈なようにあるが、さればとて実際浮気な花柳談ということは大抵事細《ことこまか》に知っている。何故《なぜ》というに、他人の夢中になって汚《きた》ないことを話しているのを能《よ》く注意して聞いて心に留めて置くから、何《なん》でも分らぬことはない」（五八ページ）

福沢自身はいわゆる「女を買う」ような行為は嫌いで、茶屋遊びなどはしなかった。だが、仲間たちが遊郭の話や茶屋の話などをすればうまく話を合わせ、盛り上げることまでできる。いけしゃあしゃあと「君たちは誠に野暮《やぼ》な奴だ。茶屋に行ってフラれて来るというような馬鹿があるか」、「僕が一度《ひとた》び奮発して楼に登れば、君たちの百倍被待《モテ》て見せよう」（五九ページ）などと言うのである。

同様に、福沢は囲碁を知らないが、塾生たちが囲碁を始めると、いかにも上級者風に「ヤア黒のその手は間違いだ」などとしゃしゃり出ていく。実際は、差し手双方の顔色を見て「勝つ方の手を褒めて負ける方を悪く」言っているだけである（五八ページ）。

つまり福沢は仲間に、冷やかすという形で関わっていく。話を合わせて、囲碁だの茶屋だの遊びに興じる仲間を苦々しく思ったり軽蔑したりもしない。だが、福沢の中には「囲碁なんか覚えてもしようがない、遊廓なんかに行ってもしようがない」という気持ちがあったのだろう。仲間たちとまともにつきあわない。それでいて周囲から浮かない程度には和気あいあいと話をするのだから、いい神経だ。こういう過ごし方をする人には無駄な時間がない。いわば、人との「省エネ交際」が福沢流なのだ。

とはいえ、彼は決して禁欲的なタイプではなかった。無類の酒好きで、お金があったら遊廓より酒を選んだというだけのことだ。自分の欲望だけに忠実だから、およそ人の言行を見て不平を感じたり、羨《うらや》ましいという気持ち自体が起きなかったのだろう。

仲間うちで浮かないコツ

福沢のような人との距離感の持ち方は、事を成す人の一つの共通項だと思う。福沢には、いま一緒に学んでいる仲間はやがて別れていく仲間だとわかっていた。周囲と仲良くしていても、違う地平に立っているのを自覚していたから、一緒のペースでは動かないのである。

自分の周囲を見渡しても、そういう例があるはずだ。仕事をやり遂げる人は、和《なご》やかに楽しく競馬や麻雀の話をしているようでいて、考えてみれば実際に一緒に競馬に行った、一緒に麻雀をやったという記憶がない。その間に別の勉強をしていたのだろうと思われる人物のはずだ。現代なら、ゲームや人気のテレビ番組についてわかったふうなコメントができるということだ。それには、一緒のことをやってなくてもやっているかのように話を合わせられるくらいの高いコミュニケーション能力が必要になってくる。仲間うちで浮かないコツを、福沢は知っていたに違いない。

逆に、血に交わりて赤くなり過ぎる過剰適応型は危険だ。会社が潰れかけていても、一緒に沈没していく。みんながやっていることを自分もやらなくてはいじめられる、孤立するというような不安で過剰適応が始まるのかも知れないが、そういう人間はむしろ足元を見られて軽く扱われる。

福沢のように「私は人の言行を見て不平もなければ心配もない、一緒に戯れて洒蛙《しやあ》洒蛙《しやあ》としているから却《かえ》って面白い」（六〇ページ）と言えるくらいの心構えでいきたいものだ。

5　他人の熱に依《よ》らぬ

その他は仮初《かりそめ》にも身事家事の私《わたくし》を他人に相談したこともなければまた依頼したこともない。人の智恵を借りようとも思わず、人の指図《さしず》を受けようとも思わず、人間万事天運に在りと覚悟して、勉めることは飽くまでも根気よく勉めて、種々様々の方便を運《めぐ》らし、交際を広くして愛憎の念を絶ち、人に勧めまた人の同意を求めるなどは十人並みにやりながら、ソレでも思うことのかなわぬときは、なおそれ以上に進んで哀願はしない、ただ元に立ち戻って独り静かに思い止《とどま》るのみ。詰まるところ、他人の熱に依《よ》らぬというのが私の本願で、この一義は私が何時《いつ》発起《ほっき》したやら、自分にもこれという覚えはないが、少年の時からソンナ心掛け、イヤ心掛けというよりもソンナ癖があったと思われます。（二七二ページ）

他人に相談事や頼み事をしない

これは「他人に私事を語らず」という節からの抜粋だ。福沢は数え二十三歳で福沢家を継ぎ、二十八歳で結婚した。蘭医学者・緒方洪庵の緒方塾の内塾生になるときに、洪庵に金銭的にも世話になったことがあったが、それ限り。家長としての責任を一手に引き受けた後は、一度も他人に相談事や頼み事をしたことがないと言う。福沢の強靱《きょうじん》な精神力を感じさせる言葉だ。

仕事においても人間関係においても独立自尊の精神に徹していた福沢は、主体性を重要視していた。人の助言も忠告も要らない。自分からも無理にはしない。「血に交わりて赤くならず」の言葉にも通じる信念だ。それにしても、自立のすすめを表すそれらの表現がいちいち面白い。

小さいときから「どうにかして故郷を出てやる」という思いでいた福沢は、中津時代の白石塾にいた貧乏学生が按摩《あんま》で身を助けているのを見て、「一文なしで飛び出しても、按摩ができれば食べることはできるな」と彼らに按摩を習ったと言っている

（二七二ページ）。按摩芸は結局、自力自活のためには使わずにすんだけれど、六十五になったいまでもそこらの按摩よりずっとうまいんだと自信満々なのがおかしい。

福沢に言わせれば、独立の気力のない者は必ず人を頼り、人に媚《こ》びへつらう。そうした依存心を嫌い、自分から率先して事を成すことを尊んだ。

森鷗外の娘で作家の森茉莉も、著作『仕事と生命』の中でこう言っている。


「政治家でも科学者でも、すぐれた人は熱い心を持ってゐる。お金だって熱情なしには溜らない。熱がないとすべての仕事が浅ましく、灰のやうになり、見る人を生きてゐてもゐなくてもいいやうな気持にさせる。理智も熱情が動いて一緒に整然と動く」

（『森茉莉全集第八巻』筑摩書房）


父の仕事ぶりを誰よりも尊敬していた茉莉が言うところに、説得力がある。

まどろんでいるのが幸せか

ところが現代は、自分の熱ではなく、他人の熱に依っている人間が実に多い。上司に「これをやれ」と言われたから、あるいは誰かが「やろう、やろう」と盛り上げてくれたから、やっていることだったりする。人に鼓舞《こぶ》されてはじめて腰を上げるわけだ。

だが、他人の熱では持続が難しい。二〇〇三年の阪神タイガースの優勝などもその一例だろう。星野仙一という熱源が来て、ようやく目が覚めたが、翌年はまた眠れる獅子状態だった。人間という生き物はまどろむのが好きで、やはり楽をしたいという気持ちがどこかにある。いわゆる役人体質、お役所仕事と言われるような間延びした仕事ぶりが蔓延《まんえん》するのもそのためだ。

確かに、自分一人で何かを始めるのはつらい。それゆえ、自分から動くことが普通の人はなかなかできない。また、人を焚《た》きつける空気を持ち込む人がいても、最初は抵抗感がある。

しかし、まどろんでいる状態が幸せか、覚醒している状態が幸せかと言えば、覚醒して何かに燃えている状態のほうが断然面白い。福沢にはその実感があった。一カ所にとどまるより、自らが運動体となって発電機のように放熱していこうと啓蒙活動をした。

たとえば、五年後にこんなことをしたいというプランがあったとする。それを五年計画と見て、一年目はこれをやる、二年目はこれを……と分割して考える人は多いに違いない。しかし、五年先は見えないものだ。おおよそのヴィジョンはあっても、実際は世の中がどうなっているかわからない。

五年先にやろうとしていることだったら、いまやってみることだ。いま動き出せば、現実が変わる。失敗をしても修正がきく。そうして変わっていた五年後は、予定して現在から見通した五年後とはまったく違う五年後になっているはずである。

やろうと思ったことはすぐ行動に移す。その積極的な決断が、福沢を常に勝ち組にいさせたのだ。

6　世間に無頓着《むとんちゃく》

平生《へいぜい》万事至極殺風景で、衣服住居《じゅうきょ》などに一切頓着《とんじゃく》せず、如何《どう》いう家に居てもドンナ着物を着ても何とも思わぬ。着物の上着《うわぎ》か下着かソレモ構わぬ。まして、流行の縞模様《しまもよう》など考えてみたこともない程の無風流（一八ページ）

エネルギーを浪費しない

福沢は世間の目というものにまったく関心がなかった。『福翁自伝』で彼は、妻の留守中に着替えて出かけたら、戻ってきたときに妻から「それは下着だ」と笑われたと述懐《じゅっかい》している。衣食住すべてシンプルに徹していたようだが、とりわけ服装にはそのくらい気を遣わなかった。「ソコで私は平生頓《とん》と金のいらない男で、いたずらに金を費やすということは決してない」（一一四ページ）と徹底している。

世間に無頓着であることが端的に表れるのが服装であるが、私自身も、他人からどう見られるかということについてほとんど関心がない。私の二十代はバブル期で、『メンズクラブ』や『ホットドッグプレス』などファッションやデートのマニュアル雑誌が全盛だった。慶應義塾大学や青山学院大学などいわゆるおしゃれな雰囲気の大学には、ファッションに気を遣っていた男子学生もかなりいた。だが私は、着るものなどには構わない蛮カラな旧制高校気質《かたぎ》に憧れていたので、福沢の気持ちがよくわかる。

ファッションに構うには、〈他者の目〉と〈流行〉の二つの面において敏感でなければならない。しかし、「五十年先、百年先の日本を見据えて、自分はこうしていま勉強しているのだ」という感覚でいた私は、ファッションや、どうしたら女性にもてるかなどという目先のことを意識する気になれなかった。服装を変えるのは、せいぜい雨の日に雨の日用の服を着るぐらい。

そうした私の無頓着さは食に関しても同じである。適当においしくて栄養があれば、同じメニューを何日も食べ続けることも平気だった。

青春期を振り返ると、私はそのようにエネルギーを浪費しないことを心掛けたことによって、集中力の拡散を防げたという強い実感がある。すべての生活をシンプルにして、エネルギーを向ける対象をコントロールしていくという回路を作り上げていた。当時はそれを「一面化」と呼んでいた。

「外からどう見えるか」も程度問題

そのような一面化の傾向は福沢を読む前から私の中にずっとあった。いまも大して変わっていない。もっとも、テレビなどに出るようになったいまとなっては、以前よりも身なりに気を遣う必要が出てきたため、ある程度のおしゃれはするようになった。服装にあまりに無頓着なのもある程度の年齢を過ぎるとみっともなくなる。外側から自分はどう見られているかを意識することで気持ちにハリを持つ、あるいは自分自身を活性化させるという効果もある。

たとえば、女性のお化粧などは典型例だろう。普通、お化粧を全然しない女性よりは、日常的にお化粧をしている女性のほうがきれいになっていく。実際、女性が美しいと周囲も気分がいいものだ。

ダイエットにしても、女性誌の記事などは、どちらかと言えば、自分の身体にとってダイエットがどういいかという観点では書かれていない。外から見られる身体をどう変えるかに主眼が置かれている。対他者への意識を持つことでより強く自己コントロールができる。

そう考えると、他者から見られる自分も大切な自己の一部である。外見に気を遣い、そこにアイデンティティを持つ人がいるのも納得できる。

しかし、そうした対他者の身体への意識は程度問題だ。過剰だと、ナルシスティックでもあるし、自分の思考をシンプルにしていくこと自体が難しくなる。職業としてファッションを考えている人は別として、現実には、人間の限られたパワーを他者への意識だけに割いていると、百年先を考えるために回す分はない。

実際、福沢は「世間に無頓着」であっても、「世界の情勢に無頓着」ではなかった。それどころか、福沢は世界に対しては並々ならぬ関心があった。これなどは、松下幸之助や本田宗一郎、あるいは「プロジェクトX」に出てくる高度成長期を作った男たちと共通するものを感じる。どんな時代がくるかということをしっかりイメージして行動していた彼らはみな、メディアで見る限り、風体はかなり無頓着だ。しかしその頓着のなさによって、世界に通用する創造や革新のエネルギーを維持し得たのだ。

何のためのネクタイか

服装を、他者と心地よくつきあうためのアイテムとして捉えるべき場合もある。対他者に払う意識を端的に表すアイテムがネクタイだ。

ネクタイをするかしないかは、ファッションという意味以上のメッセージが含まれている。

生き生きとした精神や身体で仕事をしているなら、ネクタイを締めてもTシャツのままでもどちらでも構わないという意見もあるだろう。ライブドアの堀江貴文社長はそれを地でいっている。しかし、ある年齢以上の人、特に話をする立場の人間がTシャツ姿で会議やプレゼンに参加しているのを見ると、その人より目上の人が不快感を持つこともある。どういう不快さかと言えば、相手が自分を軽視しているような苦々しさだ。ネクタイを締めることは、見られている側は見ている相手を「尊重していますよ」というボディランゲージでもある。フォーマルの意味はそこにある。

私の講演会でも、私がセーター姿で話すほうが親しみやすくていいという聴講者もいると思うが、セーター姿の若造の話を聞くのは抵抗があるという人も少なからずいるはずだ。そのため、私自身、身体的には苦しくても、話を聞いてくれる相手へ礼を尽くすという意味を込めて、講演会やメディアに出るときはなるべくスーツにネクタイという格好をする。もし私に、「ずっとノーネクタイでいきます」という主義主張があればノーネクタイで通す。だが、私は「そういう主張をすることさえ億劫《おっくう》」というほど無頓着なのだ。私がネクタイをしないことでストレスを感じる人がいるなら、なるべくストレスを感じさせないようにしようというだけの判断、一種の合理性なのである。

福沢も、出自は武士である。しきたりや規律の観念がしっかりしていた時代であるから、福沢は正装も身についている。きちんとするべき場には刀まで差して出かけていく。そういう意味では、福沢の無頓着さは、ライフスタイルとしてカジュアルに徹して、パリのオペラ座のクラシックコンサートにさえジーンズで出かけてしまうタイプとは根本的に違う。

外見をどう気にするべきかは、人生の時期とも関わっている。学生なら年がら年中Tシャツでいいが、ある年齢になればネクタイの方が他者に対して気楽な場合もあるということだ。

7　運動体の中心になる

私が世間に無頓着ということは、少年から持って生まれた性質、周囲の事情に一寸《ちょい》とも感じない。藩の小士族などは、酒、油、醤油などを買うときは、自分自《みず》ら町に使いに行かなければならぬ。ところがそのころの士族一般の風《ふう》として、頰冠《ほおかむり》をして宵《ヨル》出掛けて行く。私は頰冠は大嫌いだ。生まれてからしたことはない。物を買うに何《なん》だ、銭《ぜに》をやって買うに少しも構うことはないという気で、顔も頭も丸出しで、士族だから大小は挾《さ》すが、徳利を提《さ》げて、夜はさておき白昼《はくちゅう》公然、町の店《みせ》に行く。銭は家《うち》の銭だ、盗んだ銭じゃないぞというような気位《きぐらい》で、却って藩中者《はんちゅうもの》の頰冠をして見栄《みえ》をするのを可笑《おか》しく思ったのは少年の血気、自分独《ひと》り自惚《うぬぼれ》ていたのでしょう。（一八ページ）

遠心力の中心に立つ

福沢が一切世間に頓着しなかったのは、強烈な自信があったからだと思う。福沢にしてみれば、自分は独立した人格であるから、その「自分」と「いま貧乏であること」とは何の関係もない。だから貧乏であることを恥じない。多くの武士たちは、酒や醤油を買いに行くのに体面を気にして頬冠をする。福沢にはそんな気持ちは皆無だ。芯から独立不羈《ふき》の精神で生きていた。その一貫性は見事だった。

これは、裏を返せばすさまじいプライドだ。

では、何が福沢の「自分は自分だ」というアイデンティティを支えていたのか。ずばり、〝学び続けている自分への自負〟である。多くを学び続けることで、他に寄りかからない個としての人格を保つ。それが本当の独立なのだという揺るぎない信念が、実に福沢らしい。

独立した人格と聞くと、一切他人とは関わらない一匹狼の印象、あるいは他の人の言うことをまるで聞かない頑固な印象を受けるかもしれない。しかし福沢の目指していた〝独立〟はまったく違うものだ。それが彼のカラリとした人格の根幹になっている。

言ってみれば、福沢の描く人格の独立のイメージは、一人で棒のように突っ立っている像ではなく、彼自身が運動体として、巨大な遠心力の中心になっているような構図だったと思う。

遠心力は、星の軌道と同じだ。大きな運動のほうが安定する。短いひもより長いひもでグルグル回っているほうがブレが少ない。福沢も、日本で小さくまとまるより、広く世界から学ぶという考えを持っていた。自分のアンテナを世界に伸ばし、常に動き続けて新しい情報を取り入れることで存在を安定させようとしていた。

オリジナリティには無関心

福沢が西洋の学問をひたすら勉強したのは、日本が他国に寄りかからないためである。蘭学のような役に立つ実学、いまで言うなら最先端の科学技術を知らなければ、国を売り渡してしまうようなことになりかねない。西洋を模倣し、追いつき追い越すことが実は日本独立の道なのだと考えていた。

当時、攘夷《じょうい》論者たちは、蘭学など学ばずに漢学で十分ではないかという考えでいた。また、蘭学を志した者でも、たとえばオランダ語は学んだが英語はもういいだろうと、途中で学ぶのをやめてしまった者も多かった。

だが福沢は、そうした個性の作り方、つまり、自分の外部からの影響を遮断《しゃだん》することによって独立性を保とうとすることを真っ向から嫌っていた。

彼は、たとえば、慶應義塾の授業料徴収のシステムを考案したり、西欧の制度をもとに現在の警察制度や憲法の基礎を提示したりしている。また、コンペティションを競争、スピーチを演説とするなど、福沢が発明した訳語もたくさんある。この他にも福沢がやり始めたことは多い。それについての自負がないわけではないが、彼は自分がオリジナルだと主張するような独自性にはほとんど無関心だった。西洋のものでもいい発明であればどんどん取り入れ、それをアレンジしてよりいいものを作る。そのことに明確な目標を置いていた。

そこはゲーテと近いところがある。ゲーテは独創性やオリジナリティにこだわることに否定的だった。

福沢もまた、自分がオリジナルだということにこだわるような小さい人間ではなかった。

要するに、生まれ持った才能や気質、あるいはこの当時であれば身分といったものを自分の本質、自分らしさと捉えている人間がほとんどだろう。しかし福沢はそれらにアイデンティティを持たず、学び続けていることを自らのよりどころにしていた。自分は実学を学んでいる。いま日本のために役に立たせろといわれれば、こういうふうに役に立つのだとすぐに言えるし、できる。学び続けていることに矜持《きようじ》があるところがすごい。

福沢は、自分自身の才能に対する自負をそれほど持っていなかった。彼は極めて冷静な人間なので、中津藩時代や緒方塾ですぐに塾頭に立つような頭角を現しても、自分の頭が並外れていいとは考えない。自負があるとすれば、学ぶスピード、学んでから実践するまでの回転速度のほうだ。自分に対しては、個性を持った一個人というより、一つの運動体のような感覚だったに違いない。

未来永劫機能するシステムを生み出す

その感覚は、福沢の活動のベースにもなっている。彼は慶應義塾を作り、出版業を手がけ、新聞社を立ち上げた。

とはいえ、それらを完成形ではなく運動体と見なしていたのがユニークだ。たとえば慶応義塾にしても、現在大学で教えている内容はもちろん明治時代とは違う。そのように情報の中身は変わるわけだが、人を介して情報が回転する〝装置〟としてのあり方は変わっていない。つまり福沢はシステムをつくることに関心があった。

これは私は大いに共感するところだ。たとえば、いまの幼児はほとんどみんな落語の「寿限無《じゅげむ》」を暗唱できる。これはもはや一種の運動のようになっていて、全国津々浦々で起きている現象だ。また、そうした子どもたちは中原中也の詩もそらんじる。「汚れっちまった」と始まれば、反射的に「悲しみに」と受けることができる。これを流行らせた装置は、私が監修するＮＨＫ教育の「にほんごであそぼ」という番組だ。寿限無は、たまたま私が小学校時代に覚えて楽しかったので、毎日放送してもらった。私が流行らせたとは知らなくても、この現象は、「寿限無」世代が親になっても続いていくはずだ。

私自身も、世代を超えて未来永劫運動していく装置、何かを作り出していくシステムこそが大切で、それを作ることがいちばん意味があることだと思っている。掛け算の九九や相撲の四股《しこ》なども、誰の発明かは知らないが、普遍的に使われているシステムであることが面白い。

Ⅱ　修業の章

8　書生流の議論はしない

その癖私は少年の時から能《よ》く饒舌《シャベ》り、人並みよりか口数の多いほどに饒舌って、そうして何《なん》でもすることは甲斐《かい》々《ぐ》々しくやって、決して人に負けないけれども、書生流儀の議論ということをしない。仮令《たと》い議論すればといっても、ほんとうに顔を赧《あか》らめて如何《どう》あっても勝たなければならぬという議論をしたことはない。何か議論を始めて、ひどく相手の者が躍起《やっき》となって来れば、此方《こちら》はスラリと流してしまう。「彼《あ》の馬鹿が何を馬鹿を言っているのだ」とこう思って、頓《とん》と深く立ち入るということは決してやらなかった。（二六ページ）

議論の弊害《へいがい》

幕末から明治以降、現在に至るまで続いていることだが、日本人はいわゆる書生流の議論を好む傾向がある。書生流というのは、抽象的過ぎて空理空論の域を出ない論議だ。話し合ってもしかたのない青くさい議論に熱中して、唾を飛ばし合って丁々《ちょうちょう》発止《はっし》とやり合う。そのやり方で、生き方論、あるいは国家論や政策論までを論じている。たとえば福沢の藩地である中津藩でも寄ると触ると、明治国家がどうあるべきかや、幕府の今後について、しょっちゅう議論をしていた。また、水戸の烈公（徳川斉昭）をヒーローに祭り上げる話などで盛り上がっていた。

議論というものは、一見、とても有益に思われている。実際、議論の弊害についてはいまでもほぼ気づかれていない。しかし、福沢の中にははっきりと机上《きじょう》の空論を嫌う精神がある。議論して何か得るものがあるのならともかく、ほとんどそれ以外は時間とエネルギーの空費だろうと言うのだ。

冒頭の引用は彼が緒方塾にいた二十二、三の頃の話である。その精神性は福沢の中の合理性に端を発するものではあるが、若者らしさ、青年らしさというものにあまりに欠けていて思わず苦笑してしまう。

考えても仕方のないことは一切考えない

議論を嫌うといっても、福沢はディベートのような遊びというか、論理を操る訓練はむしろ面白がってやっている。たとえば青年たちが躍起になって語りたがる議題の一つ〝赤穂浪士〟については、一旦その議論が始まれば、福沢は積極的に参加していく。

「例えば赤穂義士の問題が出て、義士は果して義士なるか不義士なるかと議論が始まる。スルト私は『どちらでも宜しい、義不義、口の先《さき》で自由自在、君が義士と言えば僕は不義士にする、君が不義士と言えば僕は義士にして見せよう、サア来い、幾度来ても苦しくない』と言って、敵になり味方になり、さんぐ論じて勝ったり負けたりするのが面白いというくらいな、毒のない議論は毎度大声でやっていたが、本当に顔を赧《あか》らめて如何《どう》あっても是非を分ってしまわなければならぬという実《み》の入った議論をしたことは決してない」（七九－八〇ページ）

とあるように、完全にゲームとして論じ合うことは好んだ。だが、「殊《こと》に私は性質として朋友と本気になって争うたことはない」、「本当に顔を赧《あか》らめて如何《どう》あっても是非を分ってしまわなければならぬという実《み》の入った議論をしたことは決してない」と、決して喧嘩はしないというのが福沢の一貫した姿勢だった。

本気になって争わないのは別に福沢の性格がいいからではない。そもそも彼は、性質上穏やかで、人の言うことをよく聞き、自分を押しつけないタイプとはほど遠い。福沢に言わせれば、赤穂浪士や新選組が義士であろうがなかろうが、「それが何だ」という心持ちなのである。それ自体にほとんど議論する価値はないという根本の見極めがブレていないのだ。

ところが多くの日本人は、彼らについて何度でも反復する。忠義を尽くす生き方は正しいか否《いな》かという論議にいつまでもとどまっている。大した結論など出るわけがないテーマについて必死に語り合い、しかも感情を交えるから喧嘩にもなる。それで関係までも悪くする。その点、福沢はその手の面倒から完全に距離を取っているわけだ。

これは、「考えてもしかたのないことは一切考えない」という技術でもある。現に福沢は、あれこれ考えても埒《らち》があかないことで悩んだことは生涯一度もないと言っている。私は福沢のあっぱれな行いに大いに感心した。いわば、生きるエネルギーを漏《ろう》電《でん》してないという意味で見事だ。

精神は大胆に、段取りは繊細に

私が見るに、エネルギーの漏電者というのは現代に実に多い。問題に直面したとき、「うーん、どうしよう、どうしよう」と逡巡《しゅんじゅん》して、悩むだけで毎日のエネルギーをほとんど使い果たしている。一方、福沢はその無駄な時間がほぼゼロなのである。学問をする前に漏電の無意味さにすでに思い至って身につけていたところがすばらしい。

ある意味、福沢の生き方は理性的すぎて、人間らしくない感じがしなくはない。しかし私たちは漏電する人生を望んでいるのかと言えば、決してそうではないはずだ。福沢の思考法は、「くよくよするな」というポジティブシンキングの次元を超えた「禅」の伝統につながるものである。一休や良寛といった名僧列伝に居並ぶ一人として捉え直すこともできるのが福沢なのだ。

さて、冒頭の引用にあった「口先で自由自在」という言い方から察する通り、福沢は、幕藩体制も、それにまつわる儒教的なもの、要するに仁義礼智忠信孝悌という思想もどこか小馬鹿にしているところがある。しかし、そのように物事をなめてかかることから生まれるパワーもあることを福沢は示してくれる。なめて何も手を打たないのでは潰されてしまうが、福沢は、なめきっているようでいてきちんと傾向を把握し対策を立てて臨む。精神としては大胆に、しかし実際の段取りは繊細に。そのバランスが勝つ人間の特徴なのだ。

9 大事なのは「意味を解《げ》す」こと

これは外《ほか》の朋友にも相談してみたかと言えば「イヤもう、親友誰々、四、五人にも相談してみたが如何《どう》してもわからぬ」と言うから「面白い、ソレじゃ僕がこれを解《げ》してみせよう」と言って、本当に見たところがなかなか六《むつ》かしい。およそ半時間ばかりも無言で考えたところで、チャントわかった。「一体これはこういう意味であるが如何《どう》だ、物事はわかってみると造作のないものだ」と言って、主客共に喜びました。(九八ページ)

「意味を解す」という技

福沢には常に、「それは現実にどんな影響をもたらすのか」という問いがある。一方、漢学や儒学はこういう考え方をしない。福沢が漢学を嫌う理由は、漢学が現実に対して具体的な効力をさして持たない堂々巡りだからだ。その非現実性、非具体性に対して喧嘩を売っているのである。

この当時、漢学を学ぶ場においても解釈をめぐっていろんな論議をするのが好まれた。十人、十五人が集まってある一つの本について討論する。それを会読と言うが、そのとき福沢の目指していることは議論ではなく、誰の解釈がよりレベルが高く正しいかだけであった。自分が正しいと思ったらそれで終わり。だから、議論の必要がない。議論の中から意味が生まれることもあるが、そんなことは全然期待していないのだ。

例えば、攘夷論か開国論かという問題においても、福沢は書生流儀では何の解決にもならないという地点に立っている。

攘夷論というのは外国人が来たら切り捨ててしまえという強硬な排斥《はいせき》論だ。福沢は、外国に侵略されないためには、西洋の学問や言語や文化を〝吸収〟しなくてはいけないという見方をしていた。考えようによっては福沢のこの発想は大変な攘夷論と言える。福沢自身、自分は洋学中心で骨身に西洋流が染みついていると言っているが、和魂洋才の精神で、洋の才だけをどうやって搾《しぼ》り取るかに頭を使っている。

ところが、福沢は漢学ができないのかと言えば、ものすごくできた。そうなると普通は漢学に染まってしまい、漢学者になってしまうケースが圧倒的だ。伊藤東涯《とうがい》という江戸中期の非常に優れた儒学者も、テキストに縛られたまま、中国の「史書」や「易経」を解釈する漢学者として一生を費やした一人である。

だが福沢の場合は、結局、漢学から「意味を解す」という技だけを会得して漢学から離れた。漢学から抽出し、身につけた技は、オランダ語、さらに英語に行っても通用する。漢学が持つ弱点と長所を徹底して自分の中で区別していた福沢だから、漢学で鍛えた意味を解す能力を、蘭学に生かすことができたのだ。

「物事は分かってみると造作のないものだ」

『福翁自伝』にはこの「解せる」という言葉が随分出てくる。それは福沢が漢学にしろオランダ語にしろ、その意味が解せるかどうかだけが実力だという考え方をしているからだ。オランダ語で書かれているものの解釈にしても、自分と相手の解釈のどちらがより現実に則してるのかという解釈の正しさ、つまり意味が通るかどうかを重視している。解せるやつの勝ちだということが徹底している。福沢自身、意味を解釈する作業がいちばん得意である。

福沢が江戸に来て、同じく緒方門下の島村鼎甫《ていほ》の家を訪ねたときのことだ。島村は医者だが、江戸に来て蘭書の翻訳などをしていた。福沢が訪ねていくと、島村はちょうど生理書の訳をしているところだった。その原書を持ち出してきて、福沢に、ある一文がどうしてもわからないと聞いてくる。そのあとに続くのが冒頭のエピソードである。

この「如何《どう》だ、物事はわかってみると造作のないものだ」という言い方は実に福沢的だと私は思う。

翻訳をしていて意味が通じない箇所が出てくると、大抵の人は、外国語だから意味の通じないこともあるだろう、違う民族だから日本人には理解できない点があってもおかしくはないというふうに流しがちだ。それが古い文献だったりすればなおさら、時代が違うからなどと理由にもならない理由で逃げてしまったりする。私にも経験がある。英語の翻訳をやっていて意味が通らなくなった途端、「原文が間違っているのではないか」「突然、著者の頭が混乱したのではないか」と途中で無駄な漏電をしてしまったりする。

その点、福沢は自分の頭脳の明晰さに自信があるので、何人《なにじん》であろうが必ず意味のあることを言っているはずだ。途中、踏み迷うことがあるとすれば、それは意味を解せていないからだ、と考える。著者と自分とは必ず意思が通じ合うはずだという確信。この裏にあるものは、国や言語を超えた〝意味というものの客観性〟に対する信頼感だ。わかり合えるはずだという、いわば人間に対する普遍的な信頼を福沢は決してゆるがせにしないのである。すべてこの合理的思考で物事を見通していくところが、福沢が他の人間より勝っているところの一つだ。

誰の意見でも妄信しない

先の引用の場面は、ある生理書の翻訳をめぐって、福沢と島村が光線と視力の関係について論じているところだ。「蝋燭《ろうそく》を二本点《つ》けてその灯光《あかり》をどうかすると影法師が如何《どう》とかなる」（九八ページ）と記された場面だから、現象と照らし合わせて検証することができるものである。そういうときに福沢は、著名な先生や専門家がこう言うのだからと妄信することはない。幸い福沢は、訳の筋が通り、かつ現実に則して解釈する訓練を、長崎時代及び適塾で徹底して学ぶことができた。

ちなみに当時はまだ蘭学修業への道は容易ではなく、福沢が中津藩を出て大阪へ行くときの名目は「砲術修業」、すなわち大砲の術の勉強となっていた。実際に適塾で学んでいるものは、生理学、医学、物理学、化学といった具体的な科目の原書であった。こうした学問は非常に具体的なので、たとえ語学力に自信があろうと、実際の現象に見合う説明ができなければ訳が間違っていることが一目瞭然なのである。

彼は二十七歳で咸臨丸に乗り込み、サンフランシスコやハワイへ滞在した。二十九歳では文明諸国の実情調査のため、フランスやイギリスなどヨーロッパ諸国を歴訪している。外国に行っても少々の語学力不足などまったく意に介さなかったのは、その訓練の賜《たまもの》だろう。

10　活用なき学問は無学に等し

文字は学問をするための道具にて、譬えば家を建つるに槌鋸《つちのこぎり》の入用なるが如し。槌鋸は普請《ふしん》に欠くべからざる道具なれども、その道具の名を知るのみにて家を建つることを知らざる者は、これを大工と言うべからず。正《まさ》しくこの訳《わけ》にて、文字を読むことのみを知って物事の道理を弁えざる者は、これを学者と言うべからず。いわゆる論語よみの論語しらずとは即ちこれなり。(『学問のすゝめ』一九―二〇ページ)

学問は自立の手段

いまでこそ、人は、受験勉強や大学の一般教養の講義など、実社会と切り離された勉強をさして「こんな非実用的なものが何の役に立つのか」と言う。だが、学問のための学問が当たり前だった時代に、福沢のように学問を自立の手段だと考えた人物はいなかった。いまは常識になっている、〝学問を実用に生かす〟ことは、あまりに画期的な発想転換だった。

『学問のすゝめ』の中では、「読書は学問の術なり、学問は事をなすの術なり」（五二ページ）「学問の要は活用に在るのみ。活用なき学問は無学に等し」（一〇六ページ）と繰り返し述べている。

学ぶことの大切さを説く一方で、机上の学問に対しては、福沢はばっさり切り捨てている。実際にどう活用するかという観点を持って臨まなければ学問も意味がないというのが福沢の主張である。つまり、大学で経済学や経営学の教鞭《きょうべん》を執っている教授なら、実際に起業して成功させる能力があって然《しか》るべきだというわけだ。

心の奥底には一切立ち入らない

福沢は人間を解剖学的に見てしまうところがある。それだけに、人間という存在に向き合ってその深層を理解したいと思う人にとっては物足りなさを覚えるタイプかもしれない。

福沢の姿勢はゲーテとはまるで違う。ゲーテは、人間の持つ「デモーニッシュなもの」をポジティブに捉え、そのもっとも奥深く、一番わかりにくい部分を表現し続けた。

しかし福沢の手にかかると、人間存在は身も蓋もなく解体されてしまう。あまりにざっくり割り切ってしまうので、味気なささえ覚えるほどだ。

もちろん日本にも、禅を始め、古来から文学や哲学の中に、〝人間というものを突き詰める学問〟の伝統がなかったわけではない。なにせ日本の知識人たちは、とかく堂々めぐりで悩むことこそ学問らしいという発想がある。

だが福沢は、個々の心の奥底に眠る人間の複雑さには一切立ち入らないと決めていた。それはいい悪いというよりも、生き方の一つの選択だと捉えるべきだろう。

11　勉強法の根幹は自力主義

さてその写本の物理書医書の解読を如何《どう》かするというに、講釈の為人《して》もなければ読んで聞かしてくれる人もない。内証《ないしょ》で教えることも聞くことも書生間の恥辱として、万々一もこれを犯す者はない。ただ自分一人《ひとり》でもってそれを読み砕かなければならぬ。（八三ページ）

人がしゃべっている間は勉強にならない

ほとんどの現代人はおそらく、人に教えてもらう時間を勉強だと思っているだろう。だが学ぶことの基本形は、学ぶべき事柄を定め、自力で徹底してやっていくことにある。それは、いま教育を受けている人がほとんど見落としているポイントだ。他人がしゃべっている間はさして勉強にならないと思ったほうがいい。

大切なのは、自力で学問をやれる素地を作ってしまうことだ。福沢も英語の勉強を始めるとき、師を探したが叶わず、英蘭対訳の辞書を手に入れて自力で学んだ。籠《こ》もりきりになって誰とも会わず、昼夜を分かたず学問に没頭した。

この時代には、実は先生という絶対的な存在がいない。節冒頭の例に見るように、朋友同士、できる人が代わる代わる先生になり合うのである。それだけに福沢はいつも、自分よりちょっと上にいる、教えてくれる側の人間を抜いてやろうという意気込みで勉強していた。

それをよく表しているエピソードがある。大阪で中津藩の倉屋敷に兄と同居していたときのことだ。あるとき福沢は熱病で寝込んでしまい、兄の家来に枕を持ってくるよう頼んだ。ところが兄の家来はどんなに探しても枕がないという。そういえば一年ほど、ヒマさえあれば本を読み勉強をして、夜具をかけて寝たことがない。そこで初めて「なるほど枕はないはずだ」と気づいたというひたむきさだ。福沢だけはなく、塾生ほとんどがそんな趣きだったというからすさまじい。

適塾でも緒方自身が教えることはほとんどなかった。たまに講義を受けると「やはり先生は大したものだ」と塾生が盛り上がるほど稀なことだったらしい。

では、何のための塾なのかといえば、志を同じくする者が競争するためのシステム、競争空間だった。月六回試験があって、試験が終わったら遊んだり大酒を飲む。月六回と言えば、四、五日ごとに試験になる計算だからかなりハードだ。

勉強のしかたはすべて自力。写本の物理書医書を解読するのに、「内証《ないしょ》で教えることも聞くことも書生間の恥辱として、万々一もこれを犯す者はない」とある。その方法は福沢にフィットし、彼の勉強法の根幹となった。

適塾の「毎級第一番の上席を三カ月占めていれば登級する」（八四ページ）というシステムは、試験問題を作る手間もいらず、みんなの前でトップを張る実力を見せることで昇級するのだから、非常に合理的な制度であった。級を設定すると、上に行きたくなるのが人情だ。武道などは級が細かく分かれていて、テニスなどには級はない。適塾では七、八級に分かれていたらしい。上手な競争、実力主義などは人をやる気にさせる。その点で適塾は非常に優れていた。

写本＝書き写すことの効用

ところで、本を手に入れることが困難であった当時普通に行われていた写本は、勉強法としてかなりすぐれている。いまのようなコピー時代、インターネット時代と比べて、学んだことが身になる度合いに格段の差があるように思う。

写本は、自分自身で読み写す他に、誰かが読むのを書き取ることもある。一旦写したものを読み合わせることなども必要だ。それによって、簡単に自分の理解度を検証することもできる。しかも、人の本を借りて行う場合は、自ずと返さなくてはいけない期限があって、普段以上の集中力が出る。切羽《せっぱ》詰まった中での勉強だからこそ、結果的には効率のいい学びになっていく。

ちなみに私が受け持っている授業では、レポートを書いてもらうとき、インターネットからの引用は全面的に禁止している。本から引用するのは、自分なりに論理を構築して必要な箇所をキーボードに打ち込んでいくのだから構わない。だが、インターネットからの引用の場合、下手をするとあちこちからコピー＆ペーストでつぎはぎして、まったく脳を使わずレポートの体裁を整えることもできる。こんな馬鹿げた話はない。

福沢の時代は、翻訳対象がすなわち最新の科学技術であったり、政治制度であった。訳すにしても、高い日本語力を以てこなす必要がある。『福翁自伝』を見ても、豊かな語彙でこれほど見事な話し言葉を使い得たということは、やはり写本などで日本語の書き言葉の訓練が非常に行き届いていたからだと思う。

朋友というありがたい存在

二十六歳の時、福沢はそれまで学んでいたオランダ語に見切りをつけ、英語の勉強を始めることにするのだが、自力で学ぶことが身についている福沢でも、さすがに英語に転向するときには英学の友が欲しかった。なにせ、蘭学修業の数年の辛苦を思えば、それをすべて単身でやり直すのはなかなかつらい。

学友の神田孝平《たかひら》に英語をやろうじゃないかと持ちかけると、神田は、とうにそれは考えていて試みたけれど、どこから取り付いていいかわけがわからない、いずれ方向が見えてきたらやるだろうがいまのところはやろうと思わないと言う。

村田蔵六《ぞうろく》（後に大村益次郎）は「困難な英書を辛苦して読む必要はない、必要な書はオランダ語に訳されるからそれを読めばいい」という考えで、英書は「僕は一切読まぬ」と言い張る。

原田敬策だけが「何でもやろう。誰がどう言うても構わぬ。是非やろう」と熱心で、結局二人で学ぶことになった。福沢と原田は、長崎から来て英語を知っているという子どもや漂流人を教師代わりにし、少しずつ上達した。案ずるより産むが易しで、英文を蘭文に直せば意味を取ることはそう苦労しなかった、と福沢は述懐している。そして、蘭学を志してわずか三年で、ファラデーの電気学説を読みこなすまでになった。

自分を高めるために、志を同じくしながら時に励まし合い、助け合う朋友を持つことのありがたさを、福沢はよく知っていた。

12　自分の基本テキストを持つ

白石の塾にいて漢書《かんしょ》は如何《いか》なるものを読んだかと申すと、経書《けいしょ》を専らにして論語孟子は勿論、すべて経義《けいぎ》の研究を勉め、殊《こと》に先生が好きと見えて詩経に書経というものは本当に講義をして貰って善《よ》く読みました。ソレカラ、蒙求、世説《せせつ》、左伝《さでん》、戦国策《せんごくさく》、老子《ろうし》、荘子《そうじ》というようなものも能《よ》く講義を聞き、その先《さき》は私独《ひと》りの勉強、歴史は史記を始め、前後漢書《ぜんごかんじょ》、晋書《しんじょ》、五代史《ごだいし》、元明史略《げんみんしりやく》というようなものも読み、殊に私は左伝が得意で、大概の書生は左伝十五巻の内三、四巻でしまうのを、私は全部通読、およそ十一度《た》び読み返して、面白いところは暗記していた。それで一ト通り漢学者の前座ぐらいになっていた（一五一一六ページ）

テキストを自分の血とし肉とする

福沢は様々な漢学のテキストの中でも、特に『左伝』を繰り返し読んで自分の滋養《じよう》にした。現代の日本では、福沢のように、これが自分の血となり肉になったと言える本を持っていない人がほとんどだろう。

好きな本を聞かれた場合は、挙げられる人は多いと思う。だが、その本を引用できるかと言えば、ほとんどの人がその技を持っていない。

引用できるというのは、それを自在に取り出せるということだ。

福沢は『左伝』を何度も読んでいたので、暗記してしまっている箇所がたくさんあった。そのようにして一度覚えた言葉は、生涯にわたる宝になる。何か困難に見舞われたときにその言葉が甦ってきて、自分を勇気づけてくれるのだ。生きるエネルギーを持続的に与えてくれるような、人生にとっての自分の基本テキストを持っておくことはとても大切だ。

法律の勉強には、基本書という言い方がある。司法試験を受けるための必須テキストのことだ。憲法なり民法なり、中心となる本は決まっている。それを繰り返し勉強して、徹底的に身につけておくと、司法試験で応用が効くというような、法律を学ぶ者にとってなくてはならない本を基本書と呼ぶわけだ。

こうした基本書、つまり自分にとってなくてはならない本を持っているかどうかで人生の豊かさは変わってくると私は思っている。私の場合は、非常に重要な本だと思ったものには、三色ボールペンで徹底的に線を引き、書き込みをして、付箋《ふせん》をつける。そして話の端々にそこに書かれた言葉を引き、講話ができるくらい自分のものにする。それくらい技化《わざか》できた本はあまりに重要な存在なので、もしその本をなくしてしまうと、探し出すまで落ち着かない。

それはおそらく、私が「テキスト」という概念を明確に持っていること、「テキスト意識」の下に読書をしていることが大きいと思う。

一つの本の文字情報を自分の血や肉にしていくつもりで読む。すると言葉はその人の中に取り込まれ、宝石のように永遠の光を放ち続ける。テキスト意識があれば、引用できる本は何かと尋ねられたときに即答できるようになる。

福沢ももちろんはっきりと答えられただろう。先に列挙していたように、彼は多くの漢書を読んでいる。本と真正面から向き合い、生涯にわたって自分の骨格を作っていった。

読書にも二種類ある

私は授業作りのノウハウが専門で、それを学生に教えている。最近は、教師と生徒とのしっかりしたコミュニケーションが授業を作る上での最重要事項だと思われているが、それはまったくの勘違いだと言いたい。本来、学習とはテキストを仲立ちにした自己形成だ。私に言わせれば、授業の中核はテキスト選びにある。いいテキストを選びさえすれば、あとはしっかりと習熟させるだけでいい。『声に出して読みたい日本語』は、そのコンセプトで広く万人に向けて編《あ》んだものだ。

古典などはまさに思想の骨格を作っていくための読書にふさわしい。なぜなら、人間はどう生きるべきか、何を軸にして生きるのかという問題は、時代を超えて一貫している。それが古典の中に生き残っているのだから、あとはそれをものにするかどうかなのだ。

　福沢は古典を読みまくる一方で、情報として処理する読書にも積極的だった。砲術書や医学書のような西洋の日々進歩する情報をタイムリーに取り入れている。そのバランスを見ても、福沢は書物に対する意識が全然違うのだ。

　おそらく福沢は「絶対にこれを覚えるのだ」と集中して取り組み、技にする読書と、情報に触れることに主眼を置いた読書を分けていたに違いない。これは私もまったく同じである。

　技化する本に対して、情報収集用の本を位置づける。そのときの自分に必要で、情報源としてとりあえず処理していくタイプの書物だ。手品で口から吐き出す万国旗のように、自分の身に取り込んですぐさま外に出していくようなイメージを持ってもらえばいい。

　私は、読む速度も極端に分けている。技化する本の場合はかなり時間をかける。文庫本一冊でも三、四日かけて徹底的に読みこむことが多い。だが、情報のための本は三十分で一冊くらいのペースでこなす。

基本書を見つけるコツ

ところで、技化する読書の場合、自分の性に合ったテキストを選ぶことはとても重要になる。一口に古典と言ってもその数は膨大だ。その中で、自分がこれを技にしたいと思える基本書を見つけるコツがある。図書館や書店など本の海の中に立ち、本能にビビビと来た感覚を何よりも優先することだ。もちろん自分が師と仰ぐような人から、あらかじめおすすめのものを十〜二十冊紹介してもらい、その中から決めてもいい。いずれにせよ、パラパラとページを繰る中で、自分が知らず知らず引き寄せられていくようなものを基本書にしていけばよい。

いくら名著でも、馴染《なじ》めないものはものにならない。苦労して技にしたとしても、そこから得る栄養があまりないということになってしまう。だからこそ相性のいいテキストを知っておくべきだ。そしてそれは主に、その人の気質や体質に関係していると私は思っている。

たとえば、攻撃的な気質の人はやはり戦記ものや戦国武将ものなどを好む性質があるだろう。カエサルやナポレオンについて書かれたものや『三国志』などにどんどん引き寄せられて、心の栄養を得ていく気がする。

反対に、もっと内省的なタイプは、穏やかでロマンチックな叙情を描いたものを好むように思う。ヴェルレーヌやアポリネールの詩集などをひたすら読み、持ち前の情緒力をいっそうかき立てていく。そもそも感情や情緒を基盤にして生きていこうとする人と、クールに戦略的に生き抜いていこうとする人では、勇気づけられる本が違うはずだ。それはもう、どちらの生き方がいいという問題ではない。どんな力を生きる力につなげていくかは、読書を通してその人自身が育てるものなのだ。

実はどんな基本書をセレクトするかには、その人の人となりがかなり表れてしまう。人生の基本書を三冊挙げてもらえば、その人の生きる方向性も人格の高さもわかってしまうだろう。

最近の、読みやすくて、早く読めて、なおかつ一回読めばわかってしまうような本が売れる傾向を見ていても、現代はテキスト選びがあまりうまくない人が多いように思う。そうした本は確かに心に負担をかけない。スルスル読み終えてしまう。だが、エネルギーを使わないですむ読書からは、それだけのものしか得られない。

福沢をはじめ歴史上の知識人たちがやっていたように、音読して暗唱するような深い読みに耐えられるテキストを、自分なりにぜひ見つけてほしい。

読書力で作る人間関係

福沢は、読書を中核にして生きた。

よく本ばかり読んでいると現実に疎《うと》くなる、あるいはバーチャルな世界にいるから人間関係が下手なのだといった批判を聞く。

しかし福沢は、読書を中心に置いたからこそ見識があって、世の中のために多くのことを成し遂げることができた。その力があったから人から期待されることも多く、他に類を見ないほどの広い人間関係を築くことができた。読書を柱として人生を打ち立てると、これほど豊かに生きられることを見せてくれた人物である。前述のようなまるで根拠のない批判を一掃《いっそう》してくれるような、魅力的な生き方なのだ。

二十歳を超えて作っていく人間関係は、子ども時代の友だちの作り方とはかなり違う。社会人になってからの人間関係は、人から期待されないと増えていかない。人に強く求められる人間ほど、人間関係が広がっていく。実は、人とどううまくつきあっていくか以前に、自分が必要とされている人間になることが社会人としての人間関係のポイントになる。仕事をしていく上では友人というある種の閉ざされた関係よりは、もう少しオープンなつながりが必要になってくるだろうが、そこでは自分が何を持っているかが人から見られている。

たとえば緒方洪庵は、最上級の知識・見識を持っていた。それは蜜の壺のようなものにたとえられる。要するに蜜を求めて虫が群がるように人が集まってくる。そこで門下生はみんな洪庵の知識の蜜壺からチューチューと蜜を吸い、先生はすごいと言って喜ぶ。他者から何かを期待される人間、要求される人間というのは、大いなる知識や教養といった蜜壺をたっぷりため込んでいる人なのだ。

見識がある。知識がある。それは十分、人格的な魅力になる。ミツバチがいろんな花に蜜を取りに行っては戻ってきて巣にためるイメージを考えてほしい。その花にあたるのが本だ。何百何千とたくさんの花の間を飛び回るほど、蜜壺は大きくなる。

現代人は、魅力的な人間になる、人間関係をうまくやる、あるいは仕事をうまくこなすといったことを考えるとき、読書を中心にした生活をしてみようという方向には思考回路が向かないと思う。むしろ、人間関係には人間関係の技術がある、仕事には仕事の技術がいるというふうに特別の処方箋があるように思いがちだ。だから巷にそうしたハウツー本があふれる。

しかし福沢の人生を見てみると、人間関係や仕事の悩みを小手先のテクニックで乗り切ろうとするより、明らかに大らかで広がりがある。

福沢の慶応義塾に優秀な人材がたくさん集まってきたのは、要するに福沢の勉学の力によるものだ。単純に言えば福沢の読書量が人を引きつけている。学生だけではない。当時の政治家や経済人も多く彼の周りを囲んでいた。そして福沢は、寄ってくる人々とつつがなく誠実に交際をしていくスタイルを取っていた。

「私は若い時からドチラかと言えば出しゃばる方で、交際の広い癖に、ついぞ人と喧嘩をしたこともない。親友も甚だ多いが、この交際についても矢張り極端説は忘れない。今日までこの通りに仲好く付き合いはしているが、先方の人がいつ何時《なんどき》変心せぬという請け合いは六《むつ》かしい。もしそうなれば交際はやめなければならぬ。交際をやめても此方《こっち》の身に害を加えぬ限りは相手の人を憎むには及ばぬ、ただ近づかぬようにするばかりだ」（三〇八ページ）

現代においても、知識や教養の重要性、あるいは情報の新しさには高い価値が置かれている。マニュアル的に人間関係をうまくやろうとするより、シャープな頭脳を持ち、人が自然と寄ってきてくるような人間になるほうがずっと広く確かな関係ができあがる。

ところが、そういう意味で読書が人間的魅力を作る上でどれほど有効か、その発想がないのがいまなのである。

豊かな読書経験によって魅力を作る。そんな福沢の生き方を真似てみることを、この時代だからこそおすすめする。

13　修業期間を自ら設定する

兎《と》に角《かく》に当時緒方の書生は、十中の七、八、目的なしに苦学した者であるが、その目的のなかったのが却って仕合《しあわせ》で、江戸の書生よりも能《よ》く勉強が出来たのであろう。ソレカラ考えてみると、今日の書生にしても余り学問を勉強すると同時に始終我身の行く先ばかり考えているようでは、修業は出来なかろうと思う。（略）如何《どう》すれば旨《うま》い物を食い好《い》い着物を着られるだろうか、というようなことにばかり心を引かれて、齷齪《あくせく》勉強するということでは、決して真の勉強は出来ないだろうと思う。就学勉強中はおのずから静かにして居《お》らなければならぬ、という理屈がここに出て来《こ》ようと思う。（九四ページ）

エネルギーの充電期

福沢の人生において、適塾時代はとても重要な意味を持っている。彼はこの時代に、こうしたい、こうなりたいという目的があったわけではない。それでも、これでもかというくらい学問に精を出した。

緒方の塾生は、互いに切《せっ》磋《さ》琢《たく》磨《ま》し合い、自分たちが日本でいちばん勉強をしているというプライドを持っていた。そうしたアイデンティティを持てる空間に身を投じたことが、彼ののちの力になっている。目的なしの勉強はときに大きなリスクになるが、福沢のように透明な気持ちで全力を注ぐ一定期間を過ごしたなら、むしろエネルギーの充電期にすることができる。このような一時期を設けることを、私はぜひすすめたい。

私自身は、修業という言葉がとても好きだ。すぐ反応してしまう。実際、修業マニアと言ってもいいくらいスポーツや武道などにはまった。練習の限界は何時間だろうという興味で、十時間やり通したこともある。そのときの爽快感、高揚感は他のことでは味わいがたい。

また、私には、学問を極めたいという燃え上がるような気持ちもあった。大学院では満たし切れなかったその膨大なエネルギーを、空調が効いていてコーヒーは飲み放題、私にとっては非常にありがたかった深夜のファミレスなどで勉強することで落ち着かせていた。

このしつこさは禁欲パワーとも呼びたいようなものである。禁欲と聞くと性的なものを連想するかもしれないが、私にとってはお金にまつわる欲望を捨てるということだった。東大院生だったので、塾の講師やちょっとした翻訳などで小銭を稼ごうと思えば稼げた。だが、私は敢えて稼がないことにこだわった。二十三、四から七、八くらいまでを勝負をかけた修業期間と見なしたのだ。禁を破らない意地を、やがては大きなことをしたいという意欲に変えて自分の内へと蓄えていった。それは確かに、私のいまに生きている。

他に、自分で修業設定をした人で有名なのは、建築家の安藤忠雄氏だろう。高校在学中にプロボクサーの資格を取得し、海外遠征まで行っている。その後、室内装飾のアルバイトなどをしながら、ヨーロッパやアメリカを放浪し、建築物をスケッチして歩いた。そうして独学で建築を学んだという異色の経歴を持っている。修業期間らしい修業期間を過ごしていると、グーッと深みにはまっていくような独特のメンタリティが作られていく。それが涸れないパワーの泉になる。

ところで、多くの人は、修業意識や修業期間と言われてもおそらくピンとこないだろう。職人や芸術家になろうというならば、「修業期間」という感覚は比較的簡単にわかると思う。だが、司法試験を受ける、カウンセラーになるために心理学を勉強するなどの目的があるならともかく、将来何をするかの目標も見えないまま何かに打ち込むことはこの上なくリスキーだ。かくいう私もそうやって研究の深みにはまり、予定をはるかに越えた修業期間を過ごすことになってしまった。

とはいうものの、十代の後半から二十代の若者であれば、本来、自分を培《つちか》いたいという修業への欲求は強いはずだ。ストイックなほど修業欲求があるくらいが健全な気がする。ところが現実にはその時期を自ら設定しきれずに、もやもやしたものを抱えながら、二十代をまるまるフリーターとして過ごしてしまうようなケースも多いのではないか。本人にとっても気楽でいいというわけではなく、むしろ燃焼不足の不満感として残る。その停滞した空気がいまの日本に充満しているように私には思える。

お客さん意識では学べない

最近は、社会に出たものの、二十代の後半や三十になって改めて勉強をしたいと大学や大学院に入り直す人が増えている。

だが、私の経験から言うと、大学院は学者養成のシステムと言ったほうが正しく、研究によって実社会と関わり、発展させるというアクティブさを欠いている。真、善、美に体ごとぶつかっていくような学問の本当の快感も少ない。そうした学びの世界の外堀をグルグル回ってるような虚しさのほうがはるかに強く、愕然としてしまう人も多いようだ。

では、カルチャーセンターのようなところはどうか。

とりあえず知識を得るだけなら時間的、金銭的なロスは少ない。だが、生徒たちは大抵、カルチャーセンターの講師に対してあくまで客の立場でいる。「こちらがお金を払っているのだから、何か面白い話をしてください」と、テレビで面白い番組を見たいというのと同じように、貪欲《どんよく》に情報を求めて使い減らしていく感じを受けるのだ。

そんな空間では、この本を読んできてくださいと言っても、読んでこない人がいる。大学生に対しては叱ることができるが、カルチャーセンターのそうした〝お客さん〟には叱ることができない。また、論文を書く、調べものをするなど自らを鍛える要素が希薄なので、ある意味、消費者として通過するだけの修業になってしまうのも否めない。私も講師をやっていたことがあるが、受け身一辺倒の人々に知識を与え続けることに疲れてしまい、すぐやめてしまった。

大学院にしろ、カルチャーセンターにしろ、修業意識を持って臨まなければ結局は修業期間になりにくい。

修業の時間を自分で設定する

かつて日本社会に余裕があった時代は、企業がその修業期間を引き受けていた。入社して三年めくらいまでは半人前として大目に見てもらい、コピー取りや書類のおつかいなどの雑務をしながら修業していけた。

しかし、現代はメールやバイク便などの普及で新人がやっていたような雑務がぐんと減っている。しかも企業に人を遊ばせておく余裕がないために、即戦力を求めるようになっている。また、いわゆる親方の下で丁稚奉公《でっちぼうこう》して働き、一人前になったら独立するというような職種も減ってきた。

修業期間の設定は、社会教育的にも非常に重要なことだったわけだ。大学や大学院は、本来は修業期間の場であるべきだが、現代の状況においてはそういう役目を果たしていない。企業や地域社会もその役割は放棄してしまった。修業というものを考えるとき、いまや日本は危機的状況にある。

福沢は、自らも二十五のときに蘭学塾を開き、情報を開放して広く世界に目を向けさせるための装置を作った。「独立」や「実学の必要」など、自らの主義主張を強烈に刷り込み、10節でも紹介したように、「学問の要は活用に在るのみ。活用なき学問は無学に等し」と、「独立」や「実学の必要」など自らの主義主張を強烈に刷り込み、門下生たちを実社会にどんどん送り込んだ。学問と実社会の架け橋になろうという姿勢がすばらしい。

時代を比べてみると、明治時代には、開国し、諸外国から侵略されないように近代化せよという大きなミッションがあった。また昭和は、敗戦から復興しなければいけないというのが強烈なミッションだった。つまりその当時は、国家建立という確固たる使命感が一人一人の意識の中にはっきりとあったと思う。ところが平成の現代を見渡すと、社会全体が共有しているミッションが少なすぎる。若者たちが修業欲求の向けどころを見失ってしまうのも、ある意味わからなくはない。

だが私は、自分の経験から言っても、二十代、特に二十三、四から七、八までの期間をどう過ごすのかが人生において決定的だと思っている。二十代の半ばに修業してない人が迎える三十代、四十代というのは、やはりとても苦しいものになると思うのだ。

学ぶということにポジティブになれないで終わってしまうと、仕事とはどういうものなのかが終生わからない。そうなれば当然、仕事を面白いと思えなくなる。そういう精神状況にある人が四十代になったらくたくたくただろう。くたくたな人が増えるほど、社会そのものもくたくたになる。つまり修業期間を持たないことが、日本の将来に禍《か》根《こん》を残すことになると私は踏んでいる。このままではあと十五年後ぐらいに、そういう意味で日本がいままで経験したことのない時代が来るのではないかと不安でならない。

詰まるところ、修業欲求は、社会人入学や新人研修というような〝装置〟だけでは救いきれないと私は思う。システムに期待をかけるのではなく、自らが修業意識を持って設定していくしかない。福沢ほどの人物でさえ修業期間を設けて一刻千金の思いで勉強していたのだ。人生は長い。大学を卒業した後の三、四年間を修業期間として投げ出したら途轍《とてつ》もないことができる。その時期に圧倒的な実力をつけ、二十七や二十八で社会人デビューする人がいてもいい。すると日本国全体の大変な利益になる。

ちなみに私は三十二歳で初定職という恐ろしい出遅れ方で仕事人生のスタートを切った。世間に出るのも、四十歳デビューになってしまった。望んで出遅れたわけではなかったから、「なぜもっと早く仕事をさせてくれなかったのか」と地団駄を踏むような気持ちもある。だが、スタートが遅かった分、普通なら息切れし始める四十代のいまもやる気が持続できているのだ。そう自分を納得させている。

14　最高の師匠を選ぶ

船中無事大阪に着いたのは宜しいが、ただ生きて身体《からだ》が着いたばかりで、さて修業をするという手当は何もない。ハテ如何《どう》したものかと思ったところが仕方がない。（略）先生だからほんとうの親と同じことで何も隠すことはない、家の借金の始末、家財を売り払うたことから、一切《いっさい》万事何もかも打ち明けて、かの原書写本の一条まで真実を話して「実はこういう築城書を盗写《ぬすみうつ》してこの通り持って参りました」と言ったところが、先生は笑って「そうか、ソレは一寸《ちょい》の間に、怪《け》しからぬ悪い事をしたような、また善《よ》い事をしたようなことじゃ。……」（五五―五六ページ）

一期一会《いちごいちえ》でも師は師

福沢は緒方洪庵のはからいで、やっと大阪に腰を落ち着けて蘭学修業に入ることができた。これは、一度中津へ帰った後の二度めの入塾の場面である。福沢は正直にお金がないことや築城書を盗写した秘密などを打ち明け、それを洪庵は笑って受け止めている。お互いを信頼しあう、いい師弟関係だったことがうかがえる。

人間が師匠を求めたいという気持ちは自然なものだと思う。自分を伸ばしてくれる師、高い人格へ作り変えてくれる決定的な師がこの世にいてくれることへの願い。それは、自己を高めたいと考える向上心のある人、真面目な人ほど強いともいえる。その師を求める気持ちが、オウムのような新興宗教に人を走らせる。あるいは、単なる妄想家を〝師〟というポジションに押し上げてしまう。

そう考えると、福沢にとっての洪庵のように、生涯を通じて師と仰げる存在をどう探すかはとても重要だ。

ところが現代においては、師を選ぶという一大決定を行うことはほとんどない。学校に行けば先生はいる。だが、たまたまその学校にいたという偶然の結果である。要するに、現代では、自分自身で意識的に探し求めていかないと、師匠と呼べるような存在と出会うことはできない。

私は師匠選びについてはかなりうるさい。というのも、師と呼べる人間をどうにか見つけたいという思いを十代のころから持っていたからだ。

師を求める気持ちがあれば、人は見つかる。予備校の日本史の先生にも師を感じた。金本先生というその先生は、人格の器の大きい、許容力のある人だった。私は先生の授業を聞いてるときにはいつも、自分は一対一で教わっているのだと考えるようにしていた。

予備校では、人気のある先生なら取り巻き的な生徒ができる。私はそういう真似はしなかった。しかし、私自身はその先生と師弟関係を結んでいる気でいた。勝手に私《し》淑《しゅく》していたのだ。

あるとき、その先生がクラスみんなにある本を薦《すす》めてくれた。私はその本を読み、感想を書いて先生に送った。それが縁で、一度だけ金本先生とじっくり話をさせていただく機会があった。たった一回のことなのに、そのときどんな話をしたか、教えを受けたか、その印象はいまでも残っている。

たとえ一回でもきちっと影響を受けたなら、それは師弟関係だ。また、「二年間この人に教わろう」というように期間限定で師を持っても構わない。人生を見渡したときに、「あの時期、あの人に教わったことは自分の中に生きている」と思うような経験を持てることはとても幸福だと思う。

師弟間の距離を保つ

しかし、師弟関係を未来永劫続くもの、続けなくてはいけないものというふうに考える必要はない。のちに別れていってしまうこともある。そのくらいクリーンでクリアな関係が望ましい。

福沢も洪庵をそのような意識で選んでいる。当時、福沢は洪庵を日本一実力のある学者だと見て師と仰いだ。だが、いつまでも適塾にいるつもりはない。そこはやがて卒業する場所だという気持ちがあったはずだ。

ところが現実の関係を見てみると、深い絆がある師弟関係ほど、そのようにさっぱり別れていくことが難しい。先輩と後輩、上司と部下という場合にもそうしたことがままある。

たとえば、初めて就職した先の上司にかわいがられて、毎晩その上司と飲んでいるような関係がそうだ。最初は刺激的な先輩だと尊敬し、自分にとっても活力となっていたが、途中から上司が伸び悩み、愚痴や不満のぶつけ合いなどの繰り返しになってしまうとする。それがわかっていても、いままでの義理もある、関係もあるというので、部下からは断りにくい。結局部下は「つきあってやっている」というような気持ちで発展のない関係に甘んじている。

このように、いつの間にか師匠の方が弟子に依存してくるケースが意外に多いのだ。師匠選びの意識に欠けていると、切りにくい関係、いわば泥沼づきあいに膨大に時間とエネルギーを費やしてしまうことになる。

つまり、師匠を選ぶときに大事なことは、師となる人の実力を見ることはもちろんだが、弟子に見返りを要求しないメンタリティを持っているかどうかを見極めることもポイントだ。

見返りを求めない精神とは、何か。その師匠自身が充足しているために、ある弟子の面倒をずっと見ているようなベッタリした関係を好まない。もしくは経済的に安定していて弟子からの収入をアテにしていないというようなことだ。

端的な例が家元制度である。このシステムの場合、弟子は師匠にいわゆる上納をしなければいけない。年会費、協会運営費など、名目はさまざまだが、師匠から弟子、孫弟子とその連鎖が延々続いていく。もっとも、弟子はやがて師匠になっていくわけだから、持ちつ持たれつと言えるかもしれない。

吉田松陰VS福沢諭吉

それより合理的なのが「塾」や「学校」というスタイルである。生徒である期間は塾の授業料を払うが、自分で塾を開くなど師匠側に立ったからと言って上納する必要はない。

そうした授業料制度の合理化をさらに進めたのが福沢である。江戸時代には、入門のときに物やお金で束脩《そくしゅう》を払い、後は盆暮れに金品で付け届けをするのが師の収入だった。しかも金額は決まっておらず、いわゆるお布施のように弟子が払えるだけのものを納めていた。福沢は二十五のときから私塾を開いているが、明治元年、数えで三十五のときに金額をいくらと決めて毎月納める「月謝制度」を慶應義塾に取り入れている。日本で初めての正式の授業料制度だ。同時に、教師には毎月一定額をいまの月給のような感覚で渡すようにした。「ソレを初めて行うた時は実に天下の耳目を驚かしました」（二〇二ページ）という工夫が、いまや普通の習慣である。

「何事に由《よ》らず新工夫を運《めぐ》らしてこれを実地に行うというのは、その事の大小を問わず、よほどの無鉄砲でなければ出来たことではない。さる代りにそれが首尾よく参って、何時《いつ》の間にか世間一般の風になれば、私のためには恰《あたか》も心願成就で、こんな愉快なことはありません」（二〇二ページ）

このクールさが、ある意味、いまに続く大学制度にフィットした経営スタイルでもあったわけだ。

福沢は、運営システムだけでなく、師弟の関係も情緒的なものというより論理的なものとして捉えていた。塾は、そこに来て学んで通り過ぎていく場所という定義だったのだろう。

それと対照的なのが吉田松陰の松下村塾《しょうかそんじゅく》である。松下村塾は、吉田松陰というカリスマが弟子たちに強烈な影響を与える、秘密結社的な師弟関係によって成り立っていた。お互いが師となって勉強をするという一面もなかったわけではないが、基本的には、松陰の発する激烈なる説諭、松陰のちょっと狂気をはらんだような人格が、久坂玄瑞や高杉晋作といった幕末の志士たちの魂に火をつけた。松下村塾が存在していた期間は非常に短い。だが、印象としては、師の魂のめらめらと燃える火を、弟子にそのまま渡してしまうような塾だった。幕末とはそういう時代だったとも言えるが、そこにこういう関係が作られると、やはり弟子たちの行動は違ってくる。

それに比べると、福沢諭吉の慶應義塾、あるいは緒方洪庵の適塾というのは、狂気と全く無縁な世界である。平常心そのものと言っていい。

福沢ほどの人物であれば人格的に相当のオーラがある。秘密結社的な集団を作ることもできたと思う。しかし福沢は、自分の言うことばかり聞いていてはダメだ、もっと知見を広めろ、本を読みアンテナを広げろと言い続けた。外からの情報を吸収し、それを放射していく運動体になることを、学ぶ者の使命とした。それはいわゆる秘密結社や宗教のマインドコントロールからはいちばん遠いメンタリティだ。

日本を大きく作ったという点では似ているが、二人の行ったことはまったく対照的だ。吉田松陰バーサス福沢諭吉という図式を、福沢を読み直すとあらためて感じる。

Ⅲ　出世の章

15　人生をデザインする

そも〳〵私の長崎に往《い》ったのは、ただ田舎の中津の窮屈なのが忌《いや》で〳〵堪らぬから、文学でも武芸でも何でも外《そと》に出ることが出来さえすれば難有《ありがた》いというので出掛けたことだから、故郷を去るに少しも未練はない。如斯《コンナ》所に誰が居るものか、一度出たらば鉄砲玉で、再び帰って来はしないぞ、今日こそ宜《い》い心地《ココロモチ》だと独り心で喜び、後向《うしろむ》いて唾《つばき》して颯々《さっさ》と足早《あしばや》にかけ出したのは今でも覚えている。（二八ページ）

泥船からは脱出してしまえ

福沢の人生は、いろいろな言葉で言い表すことができる。「修業人生」「ベストセラー作家人生」「教育者人生」「経営才覚人生」「啓蒙家人生」……まだまだ出てきそうだ。

だが、もし彼の人生を変えた最大のキーワードは何かと聞かれれば、「脱出人生」だと私は思う。先の引用には、そんな福沢がついに長崎へ向かうことができたときの、浮き立つような気持ちがよく表れている。

彼は中津藩を飛び出し、長崎から大阪、さらに江戸へと上京した。アメリカにもヨーロッパにも渡っている。どこかの地にとどまることは考えない。次はどこだ、よし、また次だと、変化を求めて脱出を繰り返した。

そうした福沢の六十八年の人生を見直すと、彼は流れにまかせて生きたのではなく、自分の人生をデザインしていたのだとはっきり感じ取ることができる。

中でも福沢の生涯を決定づけたのは、中津藩脱出だ。中津から長崎へ。距離は短いが、おそらくここが福沢にとっていちばん苦しかった時代だろう。まだ中津にいたころの、「ソレでモウ自分の一身は何処《どこ》に行って如何《どん》な辛苦も厭わぬ」（二六ページ）という言葉に、彼の固い決意がにじんでいる。これに比べたら、東京も外国もそれほどのリスクに感じなかった。いわゆる〝脱出グセ〟の延長ぐらいの気持ちだったのではないだろうか。

福沢は子どものころから中津の風とは相容れないものを感じていた。中津藩は封建的で貴賤《きせん》の区別がやかましい。「馬鹿々々しい、こんなところに誰が居るものか、如何《どう》したってこれはモウ出るより外《ほか》に仕様《しよう》がないと、始終《しじゅう》心の中に思っていました」（二五ページ）というのは紛《まぎ》れもない本心だろう。

もっとも、中津藩を批判している人は兄や従兄弟に限らず山ほどいた。このままここにいてもろくなことがないと、藩存続の危うさを肌で感じている人もいた。だが、そこでリスクを被《こうむ》っても行動を起こす気概のある士族は何人いただろう。

中津藩にとどまっていたのでは未来は開けそうもないことを、福沢は重々承知していた。当時、幕府が木の船で大海に漕ぎ出すくらいの危険度だとするなら、中津藩は泥船で海に出るようなものだ。福沢にすれば、中津藩などというこんなちっぽけな泥船は絶対に沈む、沈む前に逃げ出してやるぐらいの決死の覚悟だったに違いない。

また、蘭学を志して身を立てることについても、福沢は叔父にこっぴどく叱られている。

「けしからぬ事を申すではないか。兄の不幸で貴様が家督相続した上は、御奉公大事に勤めをする筈《はず》のものだ。ソレにオランダの学問とは何《なん》たる心得違いか、あきれ返った話だ」「貴様のような奴《やつ》は負角力《まけずもう》の瘠錣《やせしこ》というものじゃ」（四八ページ）と、叔父は大変な剣幕《けんまく》だ。

人生を思い通りにデザイニングしていこうとすれば、批判も受ける。障害も立ちはだかる。そうしたリスクを引き受けて、実際に手を打つかどうかがその後の人生を大きく分ける。

それは私も身に覚えのあることだ。塾や出版やテレビ出演など、私が何か新しい仕事を展開しようとするたびに、「専門でもないのに」「忙しくなりすぎて仕事が雑になる」「いまさらリスクを冒さなくても」など必ず反対意見を聞かされる。スムーズに始められた試しがない。しかし私は、まったく耳を貸すつもりはない。

新しいことを始めれば、成功しようが失敗しようが、その経験は必ず人生の新しい扉を開く。やる前の人生と、やってみた後の人生は絶対に違うのだ。

何か始めようとすると、横からあれこれ言う人はつきものだ。だがその人が自分の人生の責任を取ってくれるわけではない。そのことは心しておいたほうがいい。

福沢は泥船と見るや否や、瞬時に逃げ出す算段をした。自分が一生懸命マスターしたオランダ語でさえも泥船だとして切り捨てた。人生を見事にデザインしている。

彼は田舎の貧乏士族から身を興した、いわば叩き上げである。後述するように、こっそり洋書を盗み写ししてしまう、自分に都合のいい贋手紙を書くなどなかなかの手練を見せる。しかし、頭がよくて品位ある人格のせいか、露骨な上昇志向を感じさせない得なキャラクターだから憎めない。

気安く安住の地を求めるな

福沢と比べるのは酷《こく》かもしれないが、最近は脱出志向の若者が少なくなったと感じている。私が教えている明治大学の学生も、地方出身者の比率は低くなってきた。

かつては「とりあえず東京に行こう」という脱出願望はもっと強かった。最近は、地方の学生でも東京や大阪を目指さず、地元の国立大学などに自宅から通うケースが増えている。

ちなみに私の持説は、「大学生なら、都会のド真ん中で揉《も》みくちゃにされろ。人間同士がひしめき合っているようなところで過ごせ」というものだ。若者は、〝ものすごい速度で回転している、高度な情報の海〟をくぐり抜ける経験をするべきだ。そのほうが人間がタフになる。都会に出てくれば、それだけで怒濤《どとう》の情報の波が押し寄せてくるとは一概には言えない。それでも地方でぬくぬく親元で暮らすよりは、刺激的な生活ができる可能性は高い。若いうちに、東京など一度は都会の空気に触れて生活してみることをすすめたい。

極端な話、私は大学生に自然はいらないと思っている。緑豊かなキャンパスライフでなくてもいい。都市のエネルギーを全身で受け止めることのほうがずっと有意義だ。いまは年齢が七十歳、八十歳になっても、自然の中ではなく、都会に住みたいという老人が多くなった。それはやはり多くの面白い刺激に触れて、いつまでも若々しくいたい、ボケたくないという気持ちがあるからだろう。

もちろん、せっかく東京に出てきても、友人の下宿や安い居酒屋に集まって、仲間だけで飲んでいるのでは意味がない。東京に来てみたらみたで、東京という都市から、あるいは自分のいまの境遇から脱出できず、そこを居場所にしてしまうことは多い。ぬくぬくと過ごすのは心地よい。しかし自分の安住の地を安易に見出してしまうと、人生はそこでストップしてしまう。

仕事にしても、三年から五年間ぐらい一つの仕事をやったら、そこはかなり気楽な環境になっているだろう。その場所を一種の安住の地にしないためには、いまの仕事を続けながら、新しい何かを始めてみることだ。

ここでポイントなのは、何かを始めるためには何かをやめなくてはいけないという考え方は、あまりに日本人的だということだ。

背水の陣が必要なときも確かにある。だが、たとえば三十を超えたら、ある仕事をルーティンでこなしながら、新しいチャレンジをしてみるのもいい。翻訳もすれば学校経営もした福沢のようにやることだ。そうすれば人生や仕事は複線化でき、自分を取り巻く世界は広がっていく。

前述の泥船の話にも通じるが、構造不況といわれるいまでも、いち早く大手銀行などに見切りをつけ、起業したり転職した人はいま成功組にいると思う。逆に、一流企業にしがみついて、すでにその会社という泥船が沈みかかっているのにアクションを起こさなかった人は、恐ろしいことになっているに違いない。自分が数年後、救命胴衣をつけてプカプカと漂っていたくないと思うなら、常に現状に甘んじない気持ちでいることだ。

16　まず相場を知る

> 私が大阪に居る間は同窓生と共に江戸の学者を見下《みく》だして取るに足らないものだとこう思うていながらも、ただソレを空《くう》に信じて宜《い》い気になっていては大間違いが起るから、大抵江戸の学者の力量を試さなければならぬと思って、悪いこととは知りながら試験をやってみたのです。ソコデもって、蘭学社会の相場は大抵わかってまず安心ではあった（九八ページ）

相場は何の役に立つか

福沢は、いついかなるときもまず「相場を知る」ということを重要視していた。大枠のレベルをつかんでから細かな戦略を練るという手順に移る。これは私が大変参考にさせてもらったスタイルの一つだ。私の手元の『福翁自伝』を見ると、この「相場」という単語が赤ボールペンでぐるぐる巻きに囲われている。

思うに、受験などで失敗するのは相場を知らないからだ。受験しようとする学校の試験傾向や偏差値なども見ずに、自分は英語が好きだからと英語ばかり勉強するのは賢明とは言えない。試験を突破するにも、相場をまず把握してそこから何をどの程度勉強するかを考えた方が無駄がない。

福沢はこうした対策の立て方が実にうまい人物だ。何よりもまず相場を知ろうとするのが福沢のやり方だった。

福沢は二十五で藩命により江戸へ出る。「大阪の書生は修業するために江戸に行くのではない、行けば教えに行くのだというおのずから自負心があった」（九七ページ）とあるように、緒方の塾生として学問には非常に自信があった。自分たちは必死になって勉強したから、大阪にいるときには江戸の蘭学といっても大したことはないだろうと見下していたくらいだ。だが、それでのほほんと構えて終わらないのが福沢の面白いところだ。「ただソレを空《くう》に信じて宜《い》い気になっていては大間違いが起るから」、福沢はまず江戸学者の力量を知り、自分と比べてみることが必要だと考えた。

では、福沢はどうやって相場をつかんだのだろうか。

「大阪に居る中に毎度人の読み損《そこの》うたところか人の読み損《そこな》いそうなところを選《え》り出《だ》して、そうしてそれを私はわからない顔して不審を聞きに行く。聞きに行くと、毎度のことで、学者先生と称している人が読み損うているから、此方《こっち》はかえって満足だ」（九八ページ）

つまり自分はわかっているのにわからないふりで質問に行き、相手の実力を試すのである。「実は欺いて人を試験するようなもので、徳義上において相済まぬ罪なれども、壮年血気の熱心、おのずから禁ずることが出来ない」（九八ページ）と言い訳はしているが、人が悪いにも程がある。

上達の原動力

これ以前にも似たようなことがある。福沢は長崎遊学中、初めて横文字を習う。教師には、薩州の医学生で蘭学修業のため長崎に来ていた松崎鼎甫《ていほ》という人物が適任だと勧められた。福沢はもちろん、「松崎がａｂｃを書いて仮名を附けてくれたのにはまず驚いた。これが文字とは合点《がてん》が行かぬ」（四一ページ）というほどの超入門レベルであった。

ところが、福沢は上達するにつれ、松崎という男を品定めし始めるのだ。一から教えてもらい、非常に世話になっているにもかかわらず、「ソコデ松崎という先生の人相を見て応対の様子を察するに、決して絶倫の才子でない。よって私の心中窃《ひそ》かに、『これは高の知れた人物だ。今でも漢書を読んでみろ、自分の方が数等上流の先生だ』（四一―四二ページ）と判断する。

さらに「漢蘭等しく字を読み義を解《かい》することとすれば、左《さ》までこの先生を恐るることはない。如何《どう》かしてアベコベにこの男に蘭書を教えてくれたいものだ」（四二ページ）と、野心をのぞかせる。要するに漢蘭、中国語もオランダ語も等しく字を読み意味を解《げ》せるなら、それほどこの先生を恐れることはないと考え、上達の原動力にするのだ。「生々《なまく》の初学生が無鉄砲な野心を起したのは全く少年の血気に違いない」（四二ページ）という気持ちは功を奏《そう》し、のちに適塾ではこの松崎が福沢よりずっと下級の席にいた。「三、四年の間に今昔《こんせき》の師弟アベコベ。私の無鉄砲な野心が本当なことになって」と、その成功を「その時の愉快はたまらない。独り酒を飲んで得意がっていました」（四二ページ）と福沢は回想しているが、これは徳義上、真似しなくてよろしいと言いたい。

17　大きな間違いを起こさない

何《なん》でもあれは英語に違いない、今我国は条約を結んで開けかかっている、さすればこの後は英語が必要になるに違いない、洋学者として英語を知らなければ迚《とて》も何《なん》にも通ずることが出来ない、この後は英語を読むより外に仕方がないと、横浜から帰った翌日だ、一度《ひとたび》は落胆したが同時にまた新たに志を発して、それから一切万事英語と覚悟を極《き》め（九九―一〇〇ページ）

確率二分の一の勝負に勝ち続けるコツ

ここで私たちが覚えておきたいのは、対象の力量を試すのは相場を知るために有益だが、その場合自分の得意なことを中心にして行えということだ。たとえば辞書を買うとき。どういう買い方をするのがいいかと言えば、自分の得意な項目、あるいは自分が詳しい項目についてどう書かれているかを三つ四つ引いてみることだ。英和辞典でも百科事典でもそのコツは同じである。私の場合は現象学が得意なので、それを基準に判断することが多い。まず、その辞書に現象学という項目はあるだろうか。あったら、その説明は一流だろうか。もし、現象学についての記述がそもそもない、あっても説明は二流だと思ったら、それは買うべき辞書ではない。得意なことを軸に見ていくと相場がわかりやすいのだ。

それは辞書に限らない。啓蒙書や専門書、あるいは人物の力量などでも、ある一部分だけでも自分が詳しい項目に焦点を当てて見ていく。得意なところは自分の中で基準がはっきりしているので、そこで見極めれば間違いがない。

ともあれ、福沢はこうした大局的見地から押さえていくのを常としていた。細かいところに拘泥《こうでい》しないことも、先ほどの大きな大間違いを起こさない基本方針と一致する。たとえば、福沢の〝時代を見通す目〟は、これからの時代は身分制社会かそうでない社会かといったら、そうでない社会だと判断した。これからの学問は漢学であるか西洋の学問であるかといったら、西洋の学問が不可欠だと見た。福沢はそうやって、常に二つに一つで大間違いのないほうを選び続けた。

私は、福沢くらいの秀才度、蘭学の知識者なら他にもいただろうと思っている。それならなぜ福沢だけがここまで大物になれたのか。

それは、そのときどきのチャンスのつかみ方や作り方、状況判断の正しさに他ならない。そこに勝ち続ける鍵がある。

言ってみれば福沢は賭けに勝ち続けたわけだ。ではなぜそれほどまで強かったのか。この答えはシンプルである。

ルーレットのルールで言えば、色は赤と黒、数字はそれぞれ1から36まであり、その色や数字に賭けていく。福沢はそのとき「3」「17」といった賭け方は絶対にしない。賭けるなら赤か黒、あるいは奇数か偶数。確率では二分の一に賭けることになるが、彼には時代を読む目があるから、実際の勝率は二分の一以上になる。人生の賭けに強いのは、そうやって二者択一で大間違いをしないほうを常に選び続けたからなのだ。そのベースになっているのは、まず相場を知るというやり方である。

変わり身が早い

また、いつも相場というものを踏まえていれば、変わり身が早くなる。これも福沢の立身のコツだった。

江戸蘭学社会のレベルを知り、一安心していた福沢は、神奈川、長崎、函館三港において、露、仏、英、蘭、米、五国との自由貿易を許可する五国条約が発布された一八五九年、横浜見物に行く。冒頭に引用したのはこの時のエピソードである。外国人がちらほら店を出しているので話しかけてみるが、ちっとも通じない。そもそも店の看板も読めなければ、ビンに貼ってあるラベルもわからない。どうやら自分が死物狂いで学んだオランダ語は何の役にも立たないとわかって、福沢は大いに落胆するのだ。

しかし、一瞬パニックになったものの、「決して落胆していられる場合ではない」（九九ページ）と福沢は意を新たに英語にシフトしようとするのである。この割り切りのよさ、スピード感は、いつも相場を踏まえていた福沢だからこそ持ち得たものである。

18　たくらみも方便

それから私は、桂川に頼んで「如何《どう》かして木村さんの御供をしてアメリカに行きたいが、紹介して下さることは出来まいか」と懇願して、桂川の手紙を貰って木村の家に行ってその願意を述べたところが、木村では即刻許してくれて「宜しい、連れて行ってやろう」とこういうことになった。（一〇七ページ）

利用できるものは利用する

福沢ほど、こうしたいと思ったことを次々成し遂げていく男はそういない。能力の高さや人並み外れた努力によるところも大きいが、忘れてならないのはたくらむ力の巧みさである。

まず驚かされるのは、日本開闢《かいびゃく》以来の大事業、咸臨丸の航海に、そのとき政府の役人でもない福沢がまんまと乗り込んでしまうことである。

彼はどんな手を使ったのかを示すのが冒頭の引用だ。

咸臨丸の艦長は木村摂津守という人物だった。福沢はまだ大阪から上京したてで、木村のような幕府の上級役人には一面識もない。しかし、福沢は江戸に来るたびに訪ねていた中蘭学医の総本山と言うべき桂川という幕府の蘭医は知っていた。そこで、木村家とはごく近い親類だという桂川家にまず紹介状をもらうのである。

当時、アメリカまでの航海はもちろん命がけであった。自ら進んで行きたいという物好きな男は少なかったから、木村もこれ幸いと思って自分を連れて行ってくれたのだろうと、福沢も回想している。「木村という人は一向知らない」（二〇七ページ）と言っていた福沢だが、こうしてアメリカ行きの切符を手にしてしまったのだ。

それにしても、目のつけどころが普通ではない。木村摂津守が艦長なのだから、身分相応に従者を連れていくに違いないと考えて、ターゲットをトップの木村に定めたところが鋭い。また、ただ行っても門前払いだろうから紹介状をもらい、それなりの手順を踏んでいくところが見事だ。門閥制度を強烈に批判した福沢だが、その実、利用できるところではその制度を利用しまくっている。全体を見通して、そのほうが合理的だと見るや、躊躇《ちゅうちょ》しないのだ。

大らかな機転とセコさ

このエピソードは、同じく海外渡航を夢見た吉田松陰とはとても対照的だと思う。吉田松陰は、黒船来航の翌年、安政元年に、再来航したペリー艦隊が下田に停泊していた際に沖合まで小舟を漕ぎ出し、アメリカに連れて行ってくれるよう懇願した。しかし、幕府の許可を得るようあっさり拒否されて、密航は失敗。国禁を破った吉田は自首をし、従者の金子重輔とともに獄に入れられた。

考えてみれば、吉田のように、手ぶらで行って、懇願すれば熱意でどうにかなると思うほうが短絡《たんらく》的だ。福沢ももちろん熱意は使うが、ちゃんと足場は作っておいてからである。

利用できるものは何でも利用するという智恵は、生来のものなのだろう。アメリカへ渡る前にうがい茶碗を盗んでいった話は、彼のその機転のよさとセコさがよく表れた話だ。

咸臨丸は、アメリカに出帆する前に浦賀に寄港することになった。これが日本とのしばしの訣別になるから酒を飲もうと話がまとまり、遊女屋でさんざん飲み食いした。船に戻る前、福沢は茶屋の廊下の棚にあったうがい茶碗を見つけ、「これは船の中で役に立ちそうな物だと思って」（一〇八ページ）失敬してきた。

実際、航海は大嵐の中を進む苛酷なものだった。食事も悠長に座って食べるようなことは不可能だった。そこで福沢は、そのうがい茶碗にご飯を盛り、汁をかけて立って食べた。実に重宝したと悦《えつ》に入っている。どうやらそれは遊女の使っていたうがい用の茶碗だったようだが、それがわかっても気にするような男ではもちろんない。「思えばきたないようだが」（一〇八ページ）役に立ったからそれでいいのだ、とうそぶく福沢には、バカボンのパパ的大らかささえ感じてしまう。

19　贋《にせ》手紙の効用

悪いことだが全く贋手紙の功徳《くどく》でしょう。（三六ページ）

手紙芸

福沢は筆マメな男として知られている。何かあると手紙を書いたり、紹介状をもらったりして、ことを成すための一つの芸のように使いこなしている手紙と言えば、福沢の知恵が発揮されているのが『福翁自伝』の中のこんな場面だ。

2節で触れたように奥平の嫉妬を買い、長崎を出なくてはならなくなった福沢は、もはや中津に帰る気はなかった。江戸に行こうと思い立ったものの江戸に知る人がいるわけでもない。そこでまず福沢は、江戸から来ていた岡部同直《どうちょく》という蘭学生に「大人《オトッサン》は開業医と聞いたが、君の家に食客《しょっかく》に置いてくれることは出来まいか」（三二ページ）と父親宛の手紙を書いてもらって手はずを整えるのだ。実に用意周到だ。

次に、長崎へ来ていた行商人、鉄屋《くろがねや》惣兵衛《そうべえ》という男と知り合い、ともに中津へ戻りかける。しかしもとより中津に行く気のない福沢は、「道中、気が変わった」と惣兵衛に母親へのことづけを頼むのである。ちゃっかり葛籠《つづら》まで持って行かせ、さもついでのように、「俺はこれから下関に行くが、下関でどこか知っている船宿はないか」と尋ねるのである。惣兵衛は「私の懇意にしている船場屋寿久右衛門《せんばやすぐえもん》という船宿があります、そこへおいでなさればよろしい」と船宿の名前を教えた。

実際、貧乏若侍がお金もなく一人で旅をするのは、泊めてくれる宿屋一つ探すのも苦労だ。どうにかこうにか泊まって三日目に小倉まで来た。その道中、また福沢は一計を案じる。

「その道中で私は手紙を書いた。即ち鉄屋惣兵衛の贋《にせ》手紙を拵《こしら》えて『この御方《おんかた》は中津の御家中《ごかちゅう》、中村何様の若旦那で、自分は始終そのお屋敷に出入《でいり》して、決して間違いなき御方だから厚く頼む』と鹿爪《しかつめ》らしき手紙の文句で、下ノ関船場屋寿久右衛門へ宛

て鉄屋惣兵衛の名前を書いてちゃんと封をして、明日《あす》下ノ関に渡ってこの手紙を用に立てんと思い」（三五ページ）

つまり贋手紙を書いたのだ。福沢は紹介状というものの価値がわかっている。お金がないとき、困ったときには何度も手紙を利用した。

小倉では泊まるところにいよいよ困った。どうにか泊めてくれる宿があったと思ったら、家の病人が寝ている部屋だった。しかも夜中に隣で寝ている病人がしびんで用を足したというから、タフな福沢もさすがにまいっただろう。

そんなさんざんな道中を経て、下関へ着いた。惣兵衛に教わった船場屋を探し出し、例の贋手紙を見せると、宿の主人は手紙を一目見るなりこころよく泊めてくれた。世話も行き届き、ツケまでさせてくれたのだからありがたい。「悪いことだが全く贋手紙の功徳でしょう」と言い放つところが福沢らしくて面白い。

20　有らん限りの仕事をする

鄙事《ひじ》多能は私の独特《どくどく》、長崎に居る間は山本先生の家に食客生となり、無暗《むやみ》に勉強して蘭学もようやく方角の分るようになるその片手に、有らん限り先生家《か》の家事を勤めて、上中下の仕事なんでも引き受けて、これは出来ない、それは忌《いや》だと言ったことはない。（四〇ページ）

抜群の「就活力」

日本でいちばん勉強ができた一人に数えられる福沢だが、若いときから、仕事でもさまざまなことをした。「私は旧藩士族の子供に較《くら》べて見ると手の先《さき》の器用な奴で」（一六ページ）と自分でも言っているように、子どもの頃から器用に障子張りや畳の表の付け替えをこなし、内職で下駄を作ったり刀剣の細工をしたりして家計を助けていた。

2節で書いたように、山本物次郎という砲術家の家の食客、平たく言えば居候となったのが数えで二十一歳のときだ。そこで目の悪い山本の代わりに書の読み聞かせをしたり、その家の息子に漢書を教えたりして熱心に働いたのは、いかにも優等生らしい。しかし学問の手伝いだけではなく、下男代わりに朝夕の掃除や水汲みなどの下働きもした。その家の生き物の世話までしていた。

福沢は、人が煩《わずら》わしいと思うようなことを進んでやっている。それでいてストレスがない。そういう意味では細やかで慎重で、もともとマメな人間なのだろう。その労の惜しまなさがすごい。

いまで言えば、非常に就活力、営業力のあるタイプだ。要するに、どうやって仕事を取るか、人に気に入られてポジションを得るかという戦略がうまいのだ。適塾時代もそうだった。福沢はどこに行っても自分が仕切ってしまうのである。それには彼のマメさも非常に効果を発揮している。

ちなみに私の好きな棋士、升田幸三も福沢とまったく同じように手先が器用なのを自慢にしている。その一致が妙におかしい。

「私は十四のときに、天下の将棋指しになるんじゃと家出をして、広島から大阪の木見先生のところに内弟子として入門したんですが、その時分は、皿をあらったり洗濯したり、使い走りしたりを、一所懸命、やったもんです。

また、それがうまかった。というのは、家出をしてから先生のところにゆくまでの、しばらくの間、広島で天ぷら屋の皿洗いや、クリーニング屋の小僧をしてましたからねぇ、それで先生の奥さんが重宝して、升田がきたんで、助かる、助かる、いうておりました」（升田幸三著『王手』八〇ページ、中公文庫）

私は身の回りのことが一切合切苦手なので、そういう話を聞くとひたすら感心してしまう。

福沢は「私は本来素人《しろうと》で、鉄砲を打つのを見たこともない」（二九ページ）と言うのに、「丸《まる》で十年も砲術を学んで立派に砲術家と見られるくらいに挨拶をしたり世話をしたりするという調子で」（三〇ページ）客の相手ができるほどになる。やがて山本家で、主人に代わって砲術指南を仕切ってしまう有様だ。鉄砲を見たこともないのに教えてしまう大胆さなのだ。

彼は、教えるなら実際に打てなければなどとは考えない。鉄砲を扱う訓練は無駄だが、生き物の世話は無駄とは思わない性質だ。そこだけ見ても、神経の持ち方が常人とはまるで違う。

福沢はマメで気が利くから人に気に入られる。気に入られるからどんどん仕事を任されるようになる。自分が仕切るようになれば自由が利く。山本家にいたのは一年ほどだが、その間に養子にならないかと持ちかけられたほどだ。ステップアップの速度が実に速い。先の引用は、勉強をするから家の手伝いはしたくない、できないという輩《やから》に聞かせてやりたい話だ。

マメさを武器にする

また、福沢自身も自分のマメさや器用さをよく知っていて、自分の武器にしている。

二十三のとき、中津藩の家老の子息、奥平壱岐が二十三両で買ったというオランダ語原書の築城書を見せられ、興味を持った福沢は、二十日以上三十日足らずで、およそ二百ページ余りのその書を図版も含めてすっかり写本してしまった。それのみならず、読み合わせまで終えてしまったというエピソードがある。

写本は、高額な原書などを書き写す作業だ。当時はそれを売ると、蘭学生のめしの種にもなったような技能である。緒方塾でも書生たちがたびたび原書を写本をする場面が出てくる。だが、福沢のスピードは誰よりもすごい。築城書を写したときの様子を振り返って、「昼夜精切《せいぎ》り一杯、根《こん》のあらん限り写した」（五二ページ）とさらりと言っている。並みの根気、マメさではない。

オランダ語はやめ、これからは英語だと決心したときも、英語を教えてもらうためにずいぶん根気のあることをやった。条約締結の通訳のために長崎から呼ばれていた森山多吉郎が英語を知っていると聞き、小石川に住む森山を訪ねて教授を願い出る。熱意に打たれた森山は快諾するが、実際は朝訪ねても晩に訪ねても森山が忙しく、まったく時間が取れない。そのころ福沢は鉄砲洲（築地）にいて小石川まで二里余、往復四里の道を二月《ふたつき》か三月《みつき》通ったという。結局何も教われず断念する。

しかし彼はエネルギーを惜しまないマメさで、次々打開策を練っていく。最終的には、ホルトロップという英蘭辞書を中津藩に買い取ってもらい、それを頼りに独学で英語をものにしていった。

ところで勝海舟も『氷川清話』（岩波文庫）の中で、現代の私たちよりずっと根のあった近代の人に対して「いまの人は根がない」と嘆いている。勝も福沢も現代人の根のなさを見たら、開いた口が塞がらないかもしれない。

21　空威張りは敵

役人の仲間になれば何時《いつ》の間《ま》にか共に殼威張りをやるように成り行く。然《しか》のみならず、自分より下に向かって威張れば上に向かっては威張られる。鼬《いたち》ごっこ鼠《ねずみ》ごっこ、実に馬鹿らしくて面白くない。政府に這入《はい》りさえせねば馬鹿者の威張るのをただ見物してただ笑っているばかりなれども、今の日本の風潮で、役人の仲間になれば、たとい最上の好位置にいても、とにかくに殼威張りと名づくる醜体を犯さねばならぬ。これが私の性質において出来ない。（二九三—二九四ページ）

空威張りに対する嫌悪感

空威張りに対する嫌悪感は、福沢の非常に強い特徴だ。中津藩では、子ども同士のつき合いにおいてまで言葉遣いの貴賤上下があった。下級藩士出身の福沢にとっては、学問でも腕力でも負けていないのに、自分は「アナタがどうなすって」と言い、上士族であれば子どもからも「貴様がそう為やれ」と言われる。門閥がついて回ることが腹立たしくてならなかったようだ。「私のために門閥制度は親の敵《かたき》で御座る」（一四ページ）というのは、福沢の意識の底流に流れている叫びであろう。

江戸時代のように身分制度やその世襲が基盤になっていた社会では、たとえば何々藩の家老の息子であるというだけで一生安泰だった。それだけに福沢は、制度やポジションに甘えきった人間、現実に何の力も持たない人間を嫌った。

リストラされた中間管理職が面接に行って、「あなたは何ができますか？」「部長ができます」と言うというような笑えない話があるが、組織から離れてしまうと何もできない人は現代にもはびこっている。官公庁の役人や、大マスコミ、一流企業の社員など、その人の所属しているものに人が頭を下げているケースが多いのに、自分の力だと勘違いしてしまっている人がいる。大事なのは、肩書きを取り除いたときに、どのぐらいの実力があるのか、何ができるかだ。

自分はどこへ放浪してもかまわない、学び続ける能力で食べていくのだという意識で常に自分を向上させていた福沢は、独立の精神を持たないことにたびたび苦言《くげん》を呈《てい》していた。その端的な例が役人体質と呼ばれるものだ。

福沢は生涯、この役人体質を批判し続けていた。

プロジェクト意識を持っているか

しかし、フリーランスにならないと独立不羈ではないかといえばそれも違う。組織にいることで大きな仕事ができるという面もあるから、属していること自体は悪くない。組織の力をうまく利用し、自らのプロジェクトを遂行していく人間であれば、逆に組織に貢献し、組織を活性化させていることになる。

つまり独立性が高いかどうかは、「プロジェクト意識」を持って仕事をしているかどうかでわかる。たとえ小さいプロジェクトでも、新しい企画を生み出し、しかもそれを引っ張っていける人は組織の中にいても独立性が高い。

実際、プロジェクト力というものを考えたときに、福沢は相当な能力の持ち主だ。

授業料制度、警察制度、銀行などの経済制度、新聞創刊や丸善の創立など、現在にまで影響を与えたアイディアがいくつもある。

プロジェクトとは、新しいものを作っていく力強い作業だ。必要とあらば、交通や金融のシステムを整え、学校や駅などを作る。本来は、そうした国家の基盤となるものを全国規模で成し遂げるのは、役人や官僚の仕事であり、存在意義だった。

ところが、時代を経るにしたがって、権力者たちの間で「何もしないことが安全」だという風潮が大勢を占めてきた。プロジェクトが成功したからといって給料が増えるわけでもない。失敗すれば後々《あとあと》身分が心配だ。それなら何もしないほうが楽で安心ではないか。そうした役人体質的な保身が、最終的に無為《むい》を選ばせてしまい、社会を停滞させる。

役人体質は何も官僚や公務員に限ったことではない。いまや民間にも蔓延している。要するに、自分の腹が痛くないから必死さが足りない。お金や時間を平気で無駄遣いする。それではプロジェクトが成り立つわけがない。

現代のプロジェクトの代表的な成功例として、宅急便がある。クロネコヤマトで知られるヤマト運輸の二代目社長、小倉昌男氏は七一年に社長に就任するとすぐ、個人向けの小口宅配便ビジネスに目をつけた。業績が悪化していたヤマト運輸は、社運を賭けて小口宅配の全国展開を目指す。そのネックとなったのは、トラック輸送を規制していた道路運送法であった。当時ヤマト運輸が持っていた路線免許は、東北なら仙台まで、東海道なら大阪まで、山陽道は福岡までと、全国の免許を持っていたわけではなかった。そこで、路線拡大のための免許を運輸省に申請した。ところが運輸省は、地元同業者の反対運動を理由になかなか認可しない。小倉社長は根気強く申請を続けたが、結局一つの路線免許を得るのにも四―五年という時間がかかった。

宅配便業界の急成長を見れば、社会や消費者がこのシステムをどれだけ望んでいたかがわかる。だが、それに規制をはめ続けていた運輸省の担当部署、あるいは担当者は、責任を追及されることもない。おそらく本人たちもまったく責任を感じていないだろう。小口便という新規ビジネスの開始には、社内的にも相当の反対があったそうだが、それにしても役人の保身的発想がいかに莫大な損害を生むか、よく表れたエピソードだと思う。

22　莫逆《ばくげき》の友はいなくていい

本当に朋友になって共々に心事を語るいわゆる莫逆《ばくげき》の友というような人は一人もない、世間にないのみならず親類中にもない、と言って私が偏屈者で人と交《ツキ》際《アイ》が出来ないというではない。ソリャ男子に接しても婦人に逢うても快《こころよ》く話をして、ドチラかといえばお饒舌《シャベ》りの方であったが、本当を言うと表面《ウワムキ》ばかりで、実はこの人の真似をしてみたい、あの人のように成りたいとも思わず、人に誉められて嬉しくもなく、悪く言われて怖くもなく、すべて無頓着で、悪く評すれば人を馬鹿にしていたようなもので、仮初《かりそめ》にも争う気がないその証拠には、同年配の子供と喧嘩をしたことがない（二七五ページ）

腹六分目でつきあう

福沢の人間関係についての考え方は、ゲーテとはまるで違う。

ゲーテは恋愛関係を至上のものとした。『若きヴェルテルの悩み』を書き、実際に何人もの読者が恋の苦悩のために自殺してしまうという一大センセーションを巻き起こした。彼にはそのヴェルテルの世界を地でいくところがあった。濃密な恋心を打ち明けては、相手が振り向いてくれるや否や尋常ではない冷酷さで身を翻《ひるがえ》すという恋愛経験を繰り返している。詩人のエモーショナルな性質を考えれば、誰かと極端に親密になる躁の時期と冷たく突き放す鬱の時期を行き来して、自身の精神のバランスを取っていたのだろう。

一方、福沢の人づきあいは、ある意味非常にバランスがいい。疎遠な感じはしない。十分親しい雰囲気が漂っているのに、一定以上は踏み込まない風通しのよさを感じる。距離感が適切に保たれた理想的なつきあい方だ。周囲もそれなりにマイペースでベタつかない彼の流儀に、付き合いやすさを感じていただろうと思う。

先日、私は美輪明宏さんのコンサートに出かけた。楽屋にまで寄らせてもらったが、そのとき私は、テンポや志の合わない人との共同作業について軽い相談をした。美輪さんが私に教えてくれた人間関係のコツは、福沢の人づきあいととても似通ったものを感じるものだった。

美輪さんは、「昔は、腹六分目でつきあいなさいと言ったものなのです」と言う。お腹いっぱい、つまり腹十分目でつきあうとどうしても馴れ合い過ぎてしまう。やや他人行儀なところを四分ぐらい残しておいてつきあうと、さらりとしていて澱《よど》みがない。それが五分五分だと冷たい感じがするし、三分しかないと甘えが出てくる。六分目がちょうどいいというわけだ。本音があるとしても、吐き出すのは六ぐらいで止めておく。全部を開け放してしまうのではなくて、腹に収めておく部分を作る。たとえ家族であってもその感覚でつきあうことが大事だと教わった。六分目という距離感、腹で処理するという極意が面白い。

日本人は、友情というと、恋愛に近いような一心同体の親密さをイメージする人も多い。だが、腹九分目、十分目でつきあう人、自分の体重を思い切りかけてつきあう人ほど、その重みをちょっとはぐらかされただけで恨みめいた感情を持ちやすい。そうならないためには、水のようにさらりとつきあうのがいちばんだ。

福沢は、他人と仲違いするほど論争したことも相手に激高《げっこう》したこともなかったと言っている。美輪さんの話に当てはめてみると、どんなに親しそうな間柄でも四分は冷めた部分を常に残して、関係を守っていたのだろう。福沢が社会に斬り込んでいく人脈の枝葉を、あまり人に邪魔されずに広げていけた秘訣はそこにあったのではないかと私は見ている。

交際は等しく

慶應義塾で学んだ小山完吾の回想記（『ふだん着の福沢諭吉』、慶應義塾大学出版会）によれば、福沢は人の顔を覚えるのが得意だったらしい。

「福澤先生は人の顔を能《よ》く覚えて居られる方であります。書生の中にても或は運動会の機会に於て、或は討論会の席上に於て、或は演説会のような時に一寸御覧になるともう彼れは誰だということを直ぐ御覚えになる。そうして其学生の為めには常に親切な心を以て考えて御出でになって、何か機会でもあると一緒に御飯を食べるから一寸来いと云う。（略）福澤先生から御覧になると塾の書生というものも天下に名を成したところの人物も頓《とん》と其間に上下の区別も無ければ、親疎の隔ても無い」（一一八―一一九ページ）とあるように、「渾然たる一大家族」のように温かな交際だったようだ。

「パブリックメンと云うような世の中のリーダースになる者は人の顔を覚えることが大切な事」（一一八ページ）とこの元塾生も解説しているが、福沢は、人の名前や顔を覚えて忘れないことは、交際術として効果が高いこと、効率がいいことをわかっていたのだと思う。

福沢にしてみれば、誰か一人をものすごく愛するよりも、多くの人の名前と顔を覚えたほうが全体として大きく愛せる、家族全体を大きくしていけるという感覚があったに違いない。俗に言う友愛や家族愛と同じ感情があったかどうかは微妙だが、こうした愛し方は社交というものを非常に大切にしていた福沢らしい一面だ。

その伝統なのか、慶應義塾には交詢社という社交会がある。私は以前、その会から講演を頼まれて行ったことがある。社交とはまさに社交ダンスのようなもので、タンゴのようにベッタリとくっつき過ぎない。踊るときは適度な距離感を保って息を合わせるから、それなりにロマンチックだ。その社交の会では、そんな上流階級のソサイエティ的概念が生きていて興味深く思った。

先に述べたように、福沢の人づきあいの特徴は、プライベートとパブリックの区別が比較的少ないことだ。家族とつきあうのも、塾生とつきあうのも、有名な政治家とつきあうのもほとんど同じ距離感でいる。

彼がそのような平等主義の交際を貫けたのは、自分の中に恐れのなさがあったからだ。普通、人は孤独を恐れる。一人きりになってしまうのが嫌だから、保険としてプライベートの友達と濃いつきあいをしておこうとする。

しかし福沢の考えは違う。たとえ一人になったとしても自分にはやるべきことがある。読まなくてはいけない本も山ほどある。一人になったらなったで、時間を読書に使えばいいから有益だ。反対に、人が交際を迫ってくればそれなりにつきあう。来る者は拒まず、去る者は追わずという悠然たるスタンスでいるから余裕がある。

おそらく長嶋茂雄という人も、人間関係にあっさりしているタイプに違いない。彼は巨人軍監督時代、選手の名前をあまり覚えなかったという話も聞く。

面白いのは、名前を覚えないからと言って、嫌っているわけではないことだ。長嶋には、球場に長男の一茂を連れて行き、帰りは忘れて置いてきてしまったという有名なエピソードがある。家族に対してもそうだから、「そういう距離感でつきあう人だ」としか説明できない。

だが、福沢にせよ長嶋にせよ、彼らは傑出した何かを持ち、それが魅力になっている。だからいくらでも人が寄ってくる。要は、そういう自分になればいい。すると人間関係の悩みは、驚くほどシンプルに解消できる。

そんな友だちなら、いなくていい

最近の若者たちを見ていると、プライベートとそれ以外の関係という枠をとても強固に持っている。何もかも話せる友だちがほしいと口を揃える。そのため、極端になると、ごく親しい仲間三、四人だけで集まって依存し合い、それ以外の人とはほとんど口もきかない。そういう人間関係しかないと、恋人や親しい友人と別れたとき、ひどく寂しいだろう。

そういう若者たちにこそ、言いたいことがある。

私は「ガツンと一発」シリーズという子ども向けの本を書いている。第3巻は『そんな友だちなら、いなくたっていいじゃないか！』というタイトルにした。

私自身は「つるむ」関係が嫌いで、信頼や尊敬を持てない同士がその場限りの楽しさで何となく一緒にいるのを喜べない性質だ。その本について息子たちに話してみると、二人とも非常に納得したようだった。私が意気揚々と「そうだろう。タイトルは、『友だちなんて、いなくたっていいじゃないか！』とするつもりだ」と言うと、息子たちは少し考えて、「……いや、友だちはやっぱり大切だよ」と修正を求めてきた。そこでタイトルに、「そんな」の三文字が加わった。

ベタベタ寄り集まるだけの関係は確かに何も生まないが、自立した者同士の友情は自分を高める糧《かて》になる。

実際、そういう者同士なら相手を尊重できる。勉強でも仕事でも何かをものにしようとすると、どうしても自分の時間を優先せざるを得ない時期があるものだ。当然、つきあいは悪くなる。たとえば、「この資格試験を受けるから、向こう三カ月はつきあえない」と宣言しても平気で受け入れてくれ、目標達成後はまた自然につきあいができる友だちがいるだろうか。そういう間柄なら本物だ。

私の経験を踏まえて言えば、自分が生きている年代によって必要な人間関係も変わってくると思っている。私自身、二十代の頃は緒方塾の塾生たち同様、寝食を共にするような濃い青春を生きていた。ところが、そうして勉学に打ち込む時代を経て仕事を始めるようになると、面白いことに、すべてを分かち合う友だちがほしいという要求は雲散霧消《うんさんむしょう》してしまった。四十代のいまは、ある仕事を一緒にやり遂げて終われば別れていくような関係のほうが楽しくなってきている。

イメージとしては、オリンピック選手やワールドカップサッカーのナショナルチームに近い。チームを組んで全力を尽くし、終わればそれぞれが次の目標に向かって羽ばたいていく。そうしたチームメイトのように、いわば一つのミッションに向かってともに戦う関係である。

大なり小なり人間は、人に支えてほしいという孤独への不安感を持っているものだと思う。だが、一生を通じての無二の親友にその気持ちを全部引き受けてもらうよりも、適度な熱を持ちながら断続的に続く関係に散らしていくほうがはるかに柔軟になれる。

人間関係と聞くと、普通は「続けて行かなくてはいけない」「作って行かなくてはいけない」というようなプレッシャーを感じるのではないだろうか。その点、福沢は人間関係を永続的なものだとは考えていなかった。あるプロジェクトを一回、ともに起こす。その一回の経験を存分に自分の中に吸収し、再び違うプロジェクトのために動き出す。自分はそういう運動体なのだという意識でいれば、流れていく人間関係も刺激的だと思えるのではないだろうか。

23　極端を想像す

元来私が家に居《お》り世に処するの法を一括して手短《てみじか》に申せば、すべて事の極端を想像して覚悟を定め、マサカの時に狼狽せぬように後悔せぬようにとばかり考えています。（三〇六ページ）

最後は一人になっても構わない

このくだりには「事をなすに極端を想像す」というタイトルがつけられている。これを聞いてすぐに飲み込めた人、すでに実行していることだと思った人は、すでに勝ち組体質の人だと思う。

常に最悪の事態を想定して、〝リスクに備えておく〟、あるいは〝回避する〟というリスクマネジメントは、勝ち続けるためのセオリーだ。強いギャンブラーほど、大負けしそうな戦いは絶対に仕掛けない。失敗する恐れがあるハイリスクなことには一切手をつけないようにするのはもちろんのこと、最悪の状況を覚悟しておくことで、何が起きてもそれよりはマシだろうと腹をくくることができる。極端を想像しておけば、有利な決断ができるわけだ。

福沢は慶應義塾の発展に積極的に取り組んだ。それは新しい時代を築いていく青年たちのエネルギーの礎《いしずえ》を作りたかったからである。前にも紹介したが、「塾の盛衰に気を揉むような馬鹿はせぬと、腹の底に極端の覚悟を定めて、塾を開いたその時から、何時《なんどき》でもこの塾を潰してしまうと始終考えているから、少しも怖いものはない」（三〇七ページ）というように、義塾を存続させることに重きを置いていたわけではなかった。

昨今はニュースでも会社の盛衰や自分のポジション維持に気を揉んでいるような人物をよく見かける。リーダーであればこそよけいに覚悟を決めておいてほしいと思ってしまうのは私だけではないはずだ。

そんな小心な男たちとは違って、福沢は、

「生徒散じ教員去って塾が空屋《あきや》になれば、残る者は乃公《おれ》一人《ひとり》だ、ソコデ一人の根気で教えられるだけの生徒を相手に自分が教授してやる、ソレモ生徒がなければ強《し》いて教授しようとは言わぬ、福沢諭吉は大塾を開いて天下の子弟を教えねばならぬと人に約束したことはない」（二〇七ページ）

と、塾がダメでも本当のところ困りはしないという思いを常に持っていた。これがなくなったら怖い、困るなど、いわば強迫観念めいた気持ちでいると、なくても困らないものでも不安になる。それを守るために汲々《きゅうきゅう》としてしまうものだ。

福沢は、生徒が減っても増えても動じないという心づもりでいた。だから失望することも臆病になりすぎることもなかった。リスクをいつもイメージして、最後は独りになっても構わないという捨て身の気持ちがあれば、保身というものから免れることができるのだ。

元武士だけに、狼狽《ろうばい》しないことの価値は十分わかっている。慌てふためくのは周りにとっても迷惑だ。また、自分の人生としても、もっとも避けたいことだと思っていた。

かといって、感性を鈍麻させて狼狽しないようにするのでは、危機感知力が鈍る。極端なことを想像できなくなる。福沢が留意していたのは、リスクには敏感でいながら細かなことには動じない強靭さだ。私にとっても理想的な生き方である。

Ⅳ　事業の章

この原書をただ見たって何《なん》にも役に立たぬ。見ることは止《や》めにして、サア写すのだ。しかし千頁もある大部の書をみな写すことは迚《とて》も出来られないから、末《まっ》段《だん》のエレキトルのところだけ写そう。一同筆紙墨《いちどうふでかみすみ》の用意して総掛《そうがか》りだ（九〇ページ）

時間意識を持つ

明治期は、優秀な人材ほど官民で言えば「官」に属そうとした時代だ。官に対する世間の尊敬の念といい、権力の絶大さといい、民間とは比べものにならないものがあった。つまり、官のほうが出世もできたし、思う存分スケールの大きな仕事もできた。

私の同級生には、東大の法学部を出て、「役人になるより金融業界に行くほうが裕福になれそうだ」と民を選ぶ者の方が断然多かった。そのくらい民の力が強くなっていた時代だったのだ。しかし、明治期に官に属するメリットは、現在考えられる以上の誘惑だったと思う。

現代と比べると、この時代を生きた人は個人として成功するよりも日本という国全体の隆盛のために働こうという気概が強かった。また、パブリックに有益なものとは何かを意識し、将来の日本を見据えるセンスもあった。明治期にできた多くのシステムが現在まで脈々と続いているのはそのためだろう。そんな時代において、誰よりも政治を知り、むしろ官的な発想が得意だった福沢がずっと民の立場に居続けたことは、福沢のライフスタイルや人生観と見事に合致している。

ところで、彼が漢学とそりが合わない感覚を持ったのは、漢学そのものが本質的にスピードに対する嫌悪感を持っていたからだ。それでいて、漢書の『左伝』を十一回も通読するほど気に入ったのは、あの本が、事実と戦略的判断だけが書いてある歴史書だったからに違いない。『左伝』は、カエサルの『ガリア戦記』やオブリ編纂の『ナポレオン言行録』を読む感覚に近い。『論語』のような哲学的思考の書物とは対極にある。そのあたりに福沢の合理的な近代性がよく表れている。

前にも述べたが、福沢は非常にプロジェクト力に優れた人間である。その観点から見たときに、とりわけ彼が秀でていたのは時間への意識、期限への意識だ。悠長にしていては間に合わないという切羽詰まったスピード感覚が常に福沢の身体には駆けめぐっていた。

たとえば、冒頭に紹介した緒方塾にいた頃のエピソードを見てみる。緒方洪庵が出入りしていた黒田美濃守という大名が舶来の物理書を手に入れた。八十両もする大変貴重なもので、ファラデーの電気学説がつまびらかに書いてある。それを洪庵は、塾生たちに見せたいからと二晩の約束で借りてきた。塾生たちはたちまちその本の虜になった。そのときの福沢の時間感覚がさすがだ。

本をばらばらにできれば写本も早いが、それはできない。そこで福沢は、一人が原書を読み、一人が写し取る。疲れたら順次変わっていくという方法を考え、紙数にして百五、六十枚を見事二夜三日の間に写し終えた。

なぜすぐにやらないのか

他にも、福沢の時間感覚のシャープさを知るこんなエピソードがある。明治十四年に、福沢は、大隈重信、井上馨、伊藤博文から国会開設の目論見《もくろみ》を聞き、それに協力する形で新聞発行の準備を進めることになった。福沢自身は人手を集め、着々とことを成している。ところが国会開設の事態は遅々として進まない。業を煮やした福沢は、手紙で彼らにずいぶん食ってかかっているのだ。

井上、伊藤両氏宛の手紙（『福沢諭吉の手紙』二一四ページ）によれば、国会を開くとのことだが、それはいつ頃になるのかと福沢は井上に強く尋ねている。井上は答えて、「そう簡単にはできない。三年は先だろう」と追及をかわした。福沢はその返事が気に入らない。「きちんとした目算があって三十六カ月と言っているのではないだろう。大枠が決まったら後は後のことではないか」と、まず実行してしまえというように迫った。

このプロジェクトを成功させなければ会社が潰れてしまう、あるいは、この部署を新しく作って機能させなければ会社が立ち行かなくなる。民間ではよくあることだ。

福沢にすれば、いまできるのにやろうとしないことが歯がゆい。それは常に彼の苛立ちのもとになる。福沢は根回しや仕込みも得意だった。あとはゴーサインを出すだけというところまで仕上げておくから、よけい、「なぜすぐにできないのか」と責めたくなるのだろう。

当時の政府は、現代と比べれば議論にしても決議にしても相当スピード感はいい。それでも福沢の目から見ると手際が悪いと映ってしまう。福沢自身、慶応義塾の支校を京都や大阪にも出したことがある。しかし、ダメだと見るや否や即撤退だ。わずか八カ月でやめている。スピード感というと、前へ行動することばかりを想像してしまうが、ことがうまくいかなくなったときには泥沼に入らないうちに撤退することも大切だ。ジャック・ウェルチが、とにかく経営はスピードだという理念を挙げているが、福沢の敏感さはまさに現代のトップ経営者の感覚に近い。

ちなみに私も、周囲との軋轢《あつれき》を感じるのは、仕事のスピード感覚のずれが原因という場合が多い。私がよく口にする仕事力を高めるコツは、「仕事を断らない」「前倒しでする」の二つだ。後者の前倒しで仕事をする習慣は、福沢の言うところの「やれることはすぐやる」「いつまでにやると決める」という時間感覚とつながっている。

もし納期が一～二カ月後という仕事があった場合、私は間違いなく一カ月でやってしまう。たまにスピードを否定する人がいるが、一カ月だから「雑な仕事」、二カ月かけたから「ていねいな仕事」なわけではない。二カ月分の密度を一カ月に濃縮すればよりレベルの高い仕事になることは明白だ。そうして一カ月で済ませてしまえば、残りの一カ月にまた新しい仕事ができる。この高速回転を続けていけば、その人の仕事の現実はみるみる変わっていく。福沢のその癖は、いまでも私の仕事のお手本である。

25　時節柄がエラかっただけ

幸いに私の著訳は世間の人気に投じて、渇する者に水を与え、大旱《たいかん》に夕立のしたようなもので、その売れたことは実に驚くほどの数でした。時節の悪いときに、ドンナ文章家ドンナ学者が何を著述したって何を翻訳したって、私の出版書のように売れよう訳《わ》けはない。畢竟《ひっきょう》私の才力がエライというよりも、時節柄がエラかったのである。（二三三ページ）

才能に溺《おぼ》れず、時局を見る

福沢が現代に蘇ったとすれば、大変なベストセラー作家だ。ヨーロッパ社会の制度や考え方を紹介した『西洋事情』は、偽版も含めれば二十五万部を下らなかっただろうと福沢は回想している。当時の日本の人口は三千万人ほどで、読み書きの普及程度などを考えれば大変なヒットだったことがわかる。その後に記した『学問のすゝめ』『文明論之概略』はもちろん、彼の諸作は軒並み売れた。

しかし福沢は、彼の名を一躍世に知らしめた『西洋事情』にしろ、自分の才能がすごかったから売れたとは思っていない。「私の才力がエライというよりも、時節柄がエラかった」と、売れたのはタイミングによるところが大きかったと言っている。

これが福沢の謙虚さから出たものではないのが面白い。彼にしてみれば客観的事実を述べただけだ。

傲慢からも謙虚さからも解き放たれる

自分は天才だという思い込みを出発点に頑張るタイプもいるが、福沢は才能に溺れて「俺が書けば売れる」というような傲慢なところはまるでない。福沢はそもそも人間の謙虚さだの傲慢さだの、精神の振れ幅からすこーんと解き放たれているように思う。

しかし、売れない本を書く人間に対しては、「またその時代の学者たちが筆不調法であったか、ばかに青雲熱《せいうんねつ》に浮かされて身の程を知らず時勢を見ることを知らなかったか、マアそれくらいのことだと思われる。」（二三三―二三四ページ）と、ある意味容赦《ようしゃ》がない。自分なら書生気質で書きたいことだけを書くような思い込みだけの著述はしないし、きっちり当てようと時節は見ている、という福沢自身の強烈な自負なのだろう。

とはいえ、「時節柄」という考え方は、なかなか活用しがいのありそうな言葉だ。うまくいっても思い上がらずにすむし、ダメなときにも「時節柄が悪かったのだ」と考えればへこたれない。

26 「自分探し」は時間の無駄

人々《にんにん》才力を有するも、進《すすみ》て事を為すべき目的あらざれば、ただ退《しりぞき》て身を守るの策を求《もとむ》るのみ。数百年の久しき、その習慣遂に人の性と為《な》りて、いわゆる敢為《かんい》の精神を失い尽すに至れり。(『文明論之概略』二四五ページ)

現実を切り開いていく力

才能という言葉は非常に魅力的だ。才能を伸ばす、才能を実現する、あるいは才能を誇示するというように、才能にまつわる言葉が多いのもそのためだろう。

何より、人は無条件に才能のある人間に憧れる。憧れが強いあまりに、自分自身の才能を第一義に考え行動しようとする。しかし夢や才能ということから出発していると、すぐに行き詰まりが来る。

私に言わせれば、才能よりも現実を切り開いていくことのほうがずっと重要だ。自己プロデュースという考え方に近いかもしれない。自分はまずどう動いていくか。AとBではどちらを選ぶか。決断を積み重ねていくことでしか、現実は開けていかない。

編集者の仕事を例に取ってみる。自分は、「こんなテーマで書ける著者を知っている、あんなテーマが得意なライターを知っている」とする。あとは、どんな切り口で見せるかを決めていくのが編集者の大切な仕事だ。ところが、「売れる本を作る才能があるところを見せたい」「その本に自分自身の才能を注ぎ込みたい」などとぐずぐず考え始めてしまうとそこから一歩も前に進まない。それが才能至上主義のドツボだ。むしろ、現状を打開していくために何を真っ先にすべきかを意識していくことで、仕事は展開できていく。

たとえば、ソフトバンクや楽天、ライブドアなどはどれもＩＴ業界屈指の優良企業だ。山ほどＩＴを目指した人がいた中で、彼らは見事に生き残った。これは才能の差だろうか。私は才能などというものはほとんど変わらないものだと思う。むしろ彼らは決断の正しさで勝ち残ったと思っている。

二十年以上前、ソフトバンクCEOの孫正義氏はアメリカから帰国して日本でどんな事業を始めるか迷ったという。すでにユニソン・ワールドという企業を立ち上げ、ゲームセンターの経営でアメリカでは成功を収めていた。しかし母との約束があり、帰国せざるを得ない立場にいた。出直しするにあたっては、四十種類ほどの事業を考えた。そしてソフトバンクの前身、「日本ソフトバンク」をゲームソフトの流通などを手がける会社としてスタートさせた。

その四十種の事業の中で、どれをやるかという選択を間違えたら、才能があったとしても生かせない。彼は、少なくとも三十〜五十年、成長が見込める分野かどうか、自分自身が熱中できるかどうかを基準に決めたという。もとより、「自分には経営者としての才能はあるのか」などと逡巡していない。そう考えると、才能よりも決断のほうがずっと大切だということが見えてくる。

福沢も、目的達成のためにはあれこれプランを練るよりも、現実の行動を重視していた。咸臨丸に乗りたいと思ったら、乗り込む資格を得るための手段を具体的に考える。「咸臨丸に乗って自分はどうするつもりなのか」などと茫漠と考えても無駄だということを知っていたのだ。

内なる才能に期待するな

職業を決める若者に向かって、「何か得意なことがあるはずだ」「自分の才能を見極めろ」、あるいは「夢を持たなくてはダメだ」などと言う人がいる。私はどちらかと言えば、そういう論調には反対だ。

他人と比較してみれば、自分のほうが得意なことはあるかもしれない。自分がトライした何かの実績を指して「才能がある」「ない」という判断はできるかもしれないが、仕事とはどのみち自分に才能があるからやる、ないからやめておくというものではないだろう。

とするなら、自分自身の才能を問わないほうが賢明だと思う。才能について自問自答していると、どうしても新しいことにチャレンジしにくくなるからだ。

福沢の場合、オランダ語から英語に切り替えるかどうかという、人生の大決断があった。彼はそこで「私には語学の才能があるのか」などという躊躇をしなかった。たとえ得意でなくても、必要だからやった。それは世の中の需要を見極めて動くということだ。ある意味、自己を突き放している。

力をつけなければ現状を切り開けないところにまず自分を置いたことが、福沢の勝因だ。そのように個人個人が固有の人生の状況に迫られて、いまその力をつけざるを得ないとがんばる方が、結果は出てくる。

もちろん、どんな仕事を選ぶかも重要だ。「その仕事が好きだから」でも選べるが、『13歳のハローワーク』ならともかく、二十歳を超えた大人が「歌が好きだから歌手になりたい」と言ったり、大学に進学している身で「本当は美容師になりたい」と言うのはあまりに現実味がなくて幼稚に聞こえる。なりたければ、さっさと行動すべきだ。

「内側に眠っている才能を開花させる」などと自分の才能を推し量り、それを仕事に当てはめるよりは、自分の力で食べていくのだという決意を原動力にして仕事を選び取っていくほうが、結局は持って生まれた才能にたどり着くような気がする。

選んだ職業が今後伸びていく事業であれば、自然に仕事を求められることは多くなる。経験値が増せば、自分の実力、つまり才能も伸びていく。そのほうが人生としてはアクティブだし、ずっと醍醐味がある。

27　才能より決断

ソレカラ私も次第に成長して、少年ながらも少しは世の中の事が分るようになる中《うち》に、私の従兄弟《いとこ》などにも随分一人《ひとり》や二人《ふたり》は学者がある。能《よ》く書を読む男がある。固《もと》より下士族の仲間だから、兄などと話のときには藩風が善くないとか何《なん》とかいろ〳〵不平を洩らしているのを聞いて、私は始終ソレを止《と》めていました。「よしなさい、馬鹿々々しい。この中津に居る限りは、そんな愚論をしても役に立つものでない。不平があれば出てしまうが宜《よ》い、出なければ不平を言わぬが宜い」（二五ページ）

経験を積み重ねるほど決断のスピードは上がる

決断をしない風潮、決断をずるずると後回しにする風潮が、フリーターやニートを大量発生させた。彼らは往々にして自分の才能にこだわるが、ほとんどの仕事は才能という〝持って生まれた果実〟でできてはいない。むしろ決断の確かさ、あるいは決断のスピードによって成否が決まってくる。

世界で一番早く泳げる。マラソンの世界記録を出す。世界でもっとも有名なピアニストになる。それは確かに常人の成せる業ではない。才能の質量が非常に特殊なわけで、そういった超一級のアスリートや芸術家の才能と、いわゆる普通の仕事の才能を一緒にするのはものさしの使い方が間違っている。

ここでは、そういったスペシャリスト以外の仕事における才能の話をする。福沢が歴史に名を残す成功者となった最大の要因は、才能よりも決断力にあったと私は考える。

決断はスピードが勝負だ。決断力がある、ないと言うが、経験を積み重ねるほど決断のスピードはアップできる。

車の運転を考えてみるといい。最初は進路変更をするだけでも相当の決断を要してしまう。初心者ドライバーは進路変更するだけで疲れてしまうので、遠回りでも進路変更の少ない道を選んで走ったりする。私も免許を取り立てのころは進路変更ができず、気がついたときには高速に乗っていたというマンガのような経験がある。

進路変更は運転技術の基本中の基本だ。これが下手だと本当に事故を起こす。要するに、経験知があまりにも足りないわけだ。だが、一旦慣れてしまうと、右レーンに行くか左レーンに行くか、非常に少ないエネルギーでタイミングのいい決断ができるようになる。通勤路のような慣れた道はもとより、初めての道でも勘がはたらいてくる。経験知が高いほど決断のストレスは少なく、スピードは速い。

勘違いしやすいが、〝決断力〟という特別な才能があって、それだけを独自に鍛えることができると思うのは間違いだ。また、「じゃ、判断スピードを上げればいいんだ」というのもおかしい。決断が早くなるのは、経験に裏打ちされた段取りがクリアに見えているからだ。そのために見通しを立てるのが早くなる。当然、決断は狂いにくくなるし、スピードアップする。

不動産の賃貸物件などもあまり迷っていると失敗するものの一つだ。この場合、即決すればいいというものではないから、決定的に重要なのは経験知である。経験が少ないと、二、三軒見た時点で面倒になり、「ここにします」と言ってしまう。ところが、そこでくじけずもう一踏ん張りして二、三日のうちに七〜十軒見てみる。するとより確実で満足のいく決断ができる。

なぜかと言えば、短期間で経験知がぐっと上がっているからだ。似たような条件で徹底的に探したために、微妙な違いが瞬時にわかるようになっている。

スピーディな決断ができると、失敗のリスクも小さい。ある決断が失敗だとわかったときもずるずると引きずらず、素早く取り戻すための次の手が打てるからだ。消費者金融なども、お金のない人というより、ある意味で決断力のない人たちを相手にしているのではないかと感じることがある。借金地獄に陥る人は、右往左往しているうちに利子が膨れあがり、払えなくなるケースがある。家財一切を売ってでも払う、親に泣きついてでも払うと、スピーディに行動していれば結果は違うということがあるのではないか。

私が好きな決断のイメージは、チャンスの女神の後ろ頭はハゲだから、後ろから追うのではなく、構えていて捕まえなくてはいけないという話だ。一度聞いたときから忘れられない。それ以来、私は仕事を断らない。そして前倒しで働き、こなした余裕で、チャンスの女神を待っている。

しかし、これで私が決断の名人かと言えば、ちょっと違う。というのも、私には妙なクセがある。人生を左右する選択など、物事が大きくなればなるほど決断は早い。ところが小さなことになるとまったく決められない。たとえば、ランチに何を食べるかなどについて途端に思考停止になる。AランチとBランチという二者択一でもなかなか決められず、ひとり店の前でうなっていることがある。

才能は実践の場でのみ育つ

二〇〇四年十月、イチローがシーズン最多二百六十二本のヒットを打った大リーグ記録を追ったインタビュー番組で、「試合の中でしかできないことがある。修正できないことがある」と言っていたのを聞いた。

つまりイチローの主張は、試合をやりながらでなければつけられない力、実践の場でしか育たない力があるということだ。

試合、あるいは仕事というのは、期待されている場だ。実践の中で要求されるから、新しい蓋が開いて、自分にも未知なる力が湧いてくる。前述したように、何かをやってみる前に、「私には向いていない」「こういう仕事は好きじゃない」など、ネガティブに閉じてしまうのは寂しいことだ。もちろん自分のこれまでの力以上のものを要求されたときに、「とてもできない」とすぐギブアップしてしまうのもいただけない。

私は、新しく要求される企画や仕事をやっていくことでしか、実力は伸びないと思っている。実力だけを純粋に伸ばしておいて、伸びてから使うというやり方には賛成できない。実際にチャレンジする仕事の中でその力をつけていくほうが、真の実力になっていくと信じている。

爆笑問題の太田光氏も、某歌番組の司会を引き受けたときに、あるバラエティ番組のスタッフから「太田君のような芸人が、何故〈某歌番組〉のような畑違いの仕事をするのか」と、いかにも納得がいかない様子で聞かれたことがあるそうだ。これは太田の『ヒレハレ草』（幻冬舎文庫）というエッセイ集の文庫版解説で知ったエピソードだ。そのときの太田自身の心境が、この本の「料理人」というエッセイに載っている。自分が料理人だったら、「要は、凝った料理だろうが、単純な料理だろうが、高い素材だろうが、安い素材だろうが、美味しい物を創る事が大切な訳で、それが出来れば嬉しいのだ」と太田は書いている。

「もし、私の創った肉じゃがが不味《まず》いと言われれば、それは、考えなければいけないだろうが、『貴方のような料理人が、何故、肉じゃがなんて、当たり前の料理を創るのか？』なんて聞かれても答えようがない」（前出五八ページ）

つまり太田は、自分は仕事を選り好みしない、客を選ばないと言っている。ただ現場で面白いものを作るだけ。新しい挑戦を恐れないだけ。それは私も大いに共感する仕事魂である。

28　パブリックという意識を持つ

されば商売も学問なり、工業も学問なり。また一方より論ずれば、天の定則に従い心身を労してその報を得るものは商売なるゆえ、役人の政をなして月給を得るも商売なり。（『帳合之法』）

人を動かすのはミッション

福沢は生涯「民」にとどまり、非常に先見の明に長けたビジネスマンとして活躍した。ビジネス感覚が鋭かった分、知恵と才覚で公共に利益を生み出す商売をするならそれは一種の社会貢献だと、財界を生きる者としての一家言を持っていた。

にもかかわらず、福沢には非常に清廉なイメージがつきまとう。それは、福沢が興《おこ》したビジネスは、常に公共性を重んじ、自由でクリーンなものだったからだろう。金儲けだけを考える仕事ではなく、それに関わる人々の、社会に尽くしたいという使命感をも満足させられるようなパブリックな魅力を備えていた。

このパブリックという意識は、非常に人を惹きつける。不思議なことに人間は、誰かの経済活性のためにだけ働いていると思うと、充実感を得ることができない。お金のためだけにやっているという意識ではエネルギーが湧いてこない。

それは野球選手が、自分の年俸を釣り上げるためだけにやっていてはパワーが出ないというのと同じことだ。球界全体の発展や子どもたちに夢を与えるなど、もう少し崇高なものに向かっているほうが、心身ともにタフになる。結果としてお金もついてくる。

私は、「憧れに憧れる」という言い方をよく使う。私利私欲を超えたところで、パブリックなビジョンを描いている人、そうした憧れを持ってる人についていきたくなるのだ。お金は必要だが、世のため人のためになっていると考えられる活動のほうがくじけない。ボランティアに励む人が増えたのも、そんな気持ちがあるからだと思う。

たとえばピラミッドも、ただの奴隷の苦役のように権力でやらせていたのでは、おそらくあれほど見事なものは作れなかった。思うに、ピラミッドを作り上げたエジプト人のエネルギーは、神というものを復活させる聖なる儀式に参加しているという強い使命感があったから沸騰したのだと思う。その大いなるミッションが、彼らに活力を与えていた。いまは、ビジネスにおいて、そうした使命感や情熱はあまり見えてこない時代かもしれない。しかし、どんな時代も活性化していけるのは、「これで人々はもっと暮らしやすくなる」「これが社会を変える」というような熱い気持ちを持った業界や会社だけだ。

現京セラ会長の稲盛和夫氏は、若いころから、やはり公的な使命感を持って仕事をしている人だった。彼の著書『稲盛和夫のガキの自叙伝』(日経ビジネス人文庫)から引く。

「当時、セラミックスの開発や製造は、多くの肉体労働を伴った。松風工業には十分な設備がなく、粉末を混ぜるなどの作業は、汚れ仕事といっていいほどだった。そこで、私は毎晩のように全身粉まみれになり疲れたみんなを集め、『なぜ一生懸命働かなければならないのか』と話しかけた。『このセラミック部品がなければブラウン管はできない。我々は今、東大でも京大でもできないような高度な研究に従事している。実践なくしてセラミックスの本質はわからない。すばらしい製品を世に送り出そうではないか』。深夜に及ぶこともしばしばだったが、みんな熱心に耳を傾けてくれた」

彼は、いまこの開発が遅れると日本はどうなってしまうと思う、この仕事はいま日本に求められているのだ、東大や京大でも研究してないことを我々はやっているのだというふうに、いかに自分たちが重要な仕事をしているのかを熱心に説いている。これはまだ京セラが出来る前、「松風工場」時代のことだ。設備も不十分な貧しい工場で、工員たちの士気を鼓舞する稲森氏、それに目を輝かせてうなずく工員たちの姿が目に浮かぶ。

時には近所の屋台や一杯飲み屋に繰り出し、少ない給料をやり繰りして捻出《ねんしゅつ》したささやかなお金で若い連中に飲ませてやる。そうして毎晩、稲森は、みんなの誇りをかき立てるような発言をして熱弁を振るった。自分たちがいまやってることは、自分たちのためだけのことではない。その公共意識を工員たちに焚きつけたのだ。

ところで、福沢の公共心を柱としたビジネスと対極にあるのが、現在の税金の使い方や公共事業投資だろう。表向きにはパブリックのためという顔をしている事業だが、何百億かけて完成させた建物をただ同然で売り払ったり、投資の失敗で焦げ付いた銀行の負債を軽減するために税金を投入したり、あまりに悲惨だ。私としては、ぜひ福沢に生き返ってもらって、そうした公共感覚が欠如している人々に説教をしてほしい。

金銭感覚がないビジネスは、実は活力に欠ける。公共事業であっても、実はビジネスとしてやるという意識があったほうがうまくいくのだ。要するに、これはビジネスとして成立しているのか、利潤を生んでいるのかという問いかけがないところでは、本当に大きなパブリックの仕事はできない。

そういう意味で、福沢の嫌った公務員感覚はこの世で最も危険なものの一つだと私は思っている。何もしなくても何をしても給料が変わらない。自分の腹は痛まない。それであればミスをしなければいいという保身の生き方になるに決まっている。

だが、それがパブリックな奉仕になるかといえば、まるで違うのだ。真に世の中を動かしていくパブリックな事業には、民間のシステムを助けて、より効率よく国民の利益を生み出すための工夫が不可欠だ。公共のお金を使っているから、公務員が働いているから公共事業という歪んだ感覚から一刻も早く抜け出してもらいたいものだ。

ミッション意識がエネルギーを作る

現在の公共事業の多くがまったく意味をなしていないのは、そこで働く人々が、労働へのミッション意識を持っていないということが大きい。現代は、個人の欲望だけが経済を回している。そういう意味ではなかなか公的なミッションを持ちにくいかもしれないが、だからこそ社会にフィードバックしていくミッションを自ら作り出すことが必要になっている。

この夏、私は夏目漱石の『坊っちゃん』を二日間で読破するという子ども講習会を企画した。私がまず読み、子どもたちが復唱するという形式で音読する。初めは、ブーイングの嵐だ。もうやだ、疲れた、と口々に文句を言う。そのたびに、姿勢を直し、呼吸をさせ、「よし、もう一回」「大きな声で」と励まし、続けさせた。

そして、途中で、「これはいままで日本では誰もやったことのないプロジェクトだ。これを君たちが成功させると、ここから、新しい文化ができていく。そういうチャレンジをいましているのだ。一緒に読書マラソンを走り切ろうじゃないか」と説明した。するとそれが心に響いたらしい。それからは子どもたちは人が変わったようにいきいきと音読に取り組み始めた。

終わった後、子どもたちは疲れているどころか、むしろ元気になっているぐらいだった。母親たちに「やりきったよ」と報告している表情は、みんな自信に満ちていた。それは「自分がもっと勉強ができるようになるため」という利益を求める気持ちからではなく、「日本で初めてのことをやった」という公的な喜びがそこにあるからだ。

子どもたちはこの二日間の体験や『坊っちゃん』をたぶん生涯忘れない。それ以上に、自分がエネルギーを出し切って何かを成し遂げた自信が将来の長きにわたって続いていく。そうしたパワーの源になるのは誇りだ。自分の出世やお金のためだけではない。もっと大きなプロジェクトに参加している意識がさらなるエネルギーになる。

V 処世の章

29　雑事を厭《いと》わず

上中下一切《いっさい》の仕事、私一人で引き受けてやっていたから、酷《ひど》く調法な男だ、何とも言われない調法な血気の少年でありながら、その少年の行状が甚だ宜《よろ》しい、甚だ宜しくて甲斐々々しく働くというので、ソコデもって段々その山本の家の気に入って、しまいには先生が養子にならないかと言う。（二九ページ）

世の中は雑事なくしては動かない

「骨惜しみをするな」という言葉がある。恥ずかしながら私は、非常に骨を惜しむタイプだ。だが、20節でも触れたように、福沢は小さいときから日常生活の雑事を一手に引き受け、難なくこなしていた。大人物になってからも、人の世話をこまめに焼くタイプだったようだ。福沢にはさまざまな共通点を感じる私だが、彼のマメさだけは意外だった。

というのも、私は掃除や整理整頓など、身の回りの細々したことで身体を動かすのがとても苦手なのだ。片づけができないために、一日のうちのかなりの時間を探し物に当てなくてはいけない。そうした雑事に弱いのが、私の生涯の弱点だと思う。

雑事は、現代の学校教育の枠組みの中ではあまり重要視されない。いまの教育は学業とスポーツという二本柱からできているからだ。受験勉強と言えば大抵、家の手伝いの免罪符《めんざいふ》になる。私はいわゆるスポーツという形で身体を動かすことは好きだったので、ある意味、学校教育のシステムに非常にフィットしていたわけだ。

学校の中で「できる」と言われるような学生たちは、総じて雑事が不得手だ。私自身も勉強や運動をすることは苦ではなかったが、それ以外のものに対しては常に「面倒だな」という感覚が先に立った。その思いが私を実社会から長い間引き離していた気がする。

社会で働く上では、雑事をこなせなければ話にならない。だが、たとえば営業職のようなポジションを考えてみよう。名刺の整理をしたりアポイントを取ったりする雑多な業務をしなければならないし、取引先に出向くときはルートを確認しておくことも必要だ。私はそうした細々した手続きが苦手だったので、実社会で積極的に生きていけないのではないかという不安が湧いた。法学部に通っていたが、「弁護士になっても、人の代理で書類を作成するような仕事は得意じゃないな」などと思い込んで、学者へ方向転換した。

だが、いざ学者になってみれば、大学内の会議は多いし、論文を書くにもいちいち作法がいる。研究だけしていればいいのかと思っていた学者の世界も、雑事の固まりだったのだ。それがわかったいまは、やはり訴訟の書類などを作る弁護士でもよかったかもしれないとほぞをかむ思いだ。

考えてみれば、世の中は雑事なくしては動かない。仕事をしようと思えば、大なり小なり雑用的な面を避けては通れない。私自身も三十を過ぎて仕事をするようになると、連絡を密にする、スケジュールを立てるといったことをしないわけにはいかなくなった。そうした雑事に強いと、いわばストレスが少ない。

そのような観点に立つと、福沢は実に高度な仕事人間だったことがわかる。彼は雑事に強かった。「粗衣粗食、寒暑を憚《はばか》らず、米も搗《つ》くべし、薪も割るべし。学問は米を搗きながらも出来るものなり」（『学問のすゝめ』九七ページ）と説き、実践していた。

大所高所に立つ思想家は雑事について語りたがらないタイプが多いが、福沢は雑事を厭《いと》わずこなす軽やかさも持ち味だった。雑事を億劫《おっくう》がらないことは、生き馬の目を抜くいまの時代にビジネスで生き残るために、求められている能力の一つかもしれない。

30　大切なのは健康とお金

この雑沓混乱の最中に居て、よく東西の事物を比較し、信ずべきを信じ、疑うべきを疑い、取るべきを取り、捨つべきを捨て、信疑取捨その宜《よろ》しきを得んとするはまた難きに非ずや。（『学問のすゝめ』一四二ページ）

人生の優先順位をはっきりさせる

自分の領分ではないと思ったことは、あっさり切り離す。それが福沢のスタイルだ。なぜそんなことができるのかと言えば、彼はどんなときでも、生きる上で何を大切にすべきかという〝優先順位〟がはっきりわかっていたからに違いない。

福沢が生きていた時代は、武士であれば、体面だのプライドだのに絡《から》め取られることも多かったはずだ。ところが福沢は既成概念など軽く蹴飛ばし、弊風《へいふう》からは脱却しようと努めた。そこから自分にとってのプライオリティを自覚していった。

彼が常に心を砕いていたのは健康とお金の大切さだ。逆に言えば、その二つ以外はほとんどエネルギーをかけていない。笑ってしまうほど、比重が極端なのだ。

中でも福沢は、健康に重きを置いた。『福翁百余話』の中で、お金は「万事に先立つものなれど」とその大切さを認めながら、健康については「この金に比較して百倍も千倍も重きもの」とまで言っている。

「殊《こと》に笑うべきは彼の実業家など称する輩が、様々の事に周旋奔走するその目的を聞けば、財産を作りて独立の生活を立つる積りなりと云う。至極《しごく》よき心掛けなれども、その周旋奔走とは多くは例の交際社会に不養生を犯すの外ならず。目的の如く独立の生活を成し得てその身は早く既《すで》に廃物と為る」（『福澤諭吉著作集第十一巻』「福翁百余話」二八九ページ）

例の交際社会とは、いまでいう接待や午前様と変わらない。「昨晩は真夜中過ぎまで飲んで騒いでいたから、今朝は起きられなくて午後も寝床でぐずぐずしていたよ」と不養生自慢をする者もいたようだ。そうした連中を、福沢は半ば呆れて眺めていたに違いない。

健康やお金を大事だと言わない人はないだろう。しかし同時に、ほとんどの人は、人づきあいもしなくては、外見も気に懸けなくてはと、大事なものを五個も十個も並べてしまう。その優柔不断さが弱さになる。

福沢のように人生においての取捨選択を間違わず、エネルギーのかけ方を集中することは、誰にとっても生きる上での大きな指標になるはずだ。

31　運動は米搗薪割《こめつきまきわり》

そもく自分の本《もと》は田舎《いなか》士族で、少年のとき如何《いか》なる生活していたかといえば、麦飯を食《くら》い唐茄子《とうなす》の味噌汁を啜《すす》り、（略）この田舎者が開国の風潮に連れ東京に住居《じゅうきょ》して、当世流に摂生も可笑《おか》しい。（略）ただ食物ばかりを西洋流に真似て好《よ》き品を用い、その他は一切むかしの田舎士族に復古して、ソレカラ運動には例の米搗薪割《こめつきまきわり》に身を入れて、少年時代の貧乏世帯と同じようにして毎日汗を出して働いている中に、次第に身体《からだ》が丈夫になって、風も引かず発熱もせぬようになって来ました。（三一三―三一四ページ）

腰肚に力の入らないと根気が続かない

福沢から学ぶべきものは何かと問いかけた場合、彼の近代化精神を挙げる人は多いと思う。しかし私は、それに加えて、福沢の思想の基盤を成した身体の重要性をぜひ挙げたい。身体的基盤こそが根気を作る。これは福沢の確たる信念だ。私自身も常日頃から非常に参考にしている。

彼は自分の健康や体力に非常に自信を持っていた。運動神経ではない。身体の頑健さにだ。そしてまた、丈夫であることに、自身のいわば根気の源を置いていた。

私の塾の子どもたちを見ていると、明らかなことがある。それは何か。身体という基盤、つまり腰肚に力の入らない子どもは、まずもって根気が続かないということだ。私の塾の授業では、前半は体育館で四股踏みやおんぶ競走など身体を使うメニュー、後半は教室で朗読や暗唱など声を出して読むメニューを組んでいる。面白いことに、おんぶのできない子や、正座ができない子、つまり下半身が鍛えられていない子ほど体力がなく、教室で座らせても姿勢が早く崩れてくる。そのために集中が持続できない。気が散りやすいから、結局は勉強もできなくなっていく。その関係性は見事に一致するので驚くほどだ。

小学生だけでなく、大人にも同じことが言えると私は思う。最近は大人でもしっかりと立つ、きちんと座るという動作ができない。そうした動作は、「踏ん張る」という根気の基本になる。体力的なスタミナなしには当然その姿勢を持続できないし、集中力という脳のスタミナは、そうした身体の持続力があってこそできてくる。持続力は下半身のたくましさと比例関係にあるから、鍛えられていないと根気も続かないものなのだ。

昔ながらの米つき、薪割りなどは下半身が強くないとできない。そういう意味で、「運動には米搗薪割《こめつきまきわり》に身を入れて」という福沢の提言はばかばかしいようでいて、その実、的を射ていると思う。

日常生活で身体を自然に鍛える

勝海舟が『氷川清話』の中で剣術と禅行は徹底的にやったと言っているように、武士はその二つで自分を鍛えるのが一般的だった。

また、どんな時代においても、知的な人ほど禁欲的だったり自己犠牲に富んでいたり、生き方として非日常性を重んじたがるのは共通の傾向だ。

禅の修業などは、永遠なるものと出会いたい、あるいは非日常の中で普段の抑圧を解放したいといった〝神聖な覚醒状態〟を得たいという欲求から出発する人が多いだろう。

かつての私にも、そういうところがあった。私は若いころ、完璧に身体の鍛錬にはまっていた。苛酷な修業の末に凄まじい力を得たいという超人願望があったのだ。

そのために、呼吸法やヨガの研究などに精進し、中国の仙人がするような修業法を会得しようとした。なるべく日常と切り離した手段によって身体を鍛えれば、非日常的なパワーを得られる気がしたのだ。だが、ある種の神秘体験によって人間として生まれた充実感を得られるのではないかという期待感はアブナイ。一歩踏み外すと怪しい新興宗教に溺れてしまう危険なメンタリティである。

ところが福沢は、身体を鍛えることは推奨したが、鍛錬のための鍛錬というような鍛え方は好まなかった。普通の生活を営み、明晰な意識の中で自己を鍛えることにこだわった。著作の中でも何度となく、日常の中でこまめに汗を流すことで鍛えよ、というメッセージを繰り返している。

昔の日本人であれば、家事雑事において身体をこまめに動かす場面はいくらでもあった。用事を済ますために歩く距離もハンパではなかった。こまめに動くことを厭わなければ、自然に鍛えられていく。つまり福沢は、日常生活の細々したことをきっちりこなすことで心身の健康を保ち、それによって人の役にも立つという、ごく当たり前の健全さを生涯を通じて肯定していったのだ。

『福翁自伝』には、若き日の福沢が現在では考えられないほど長い距離を歩く場面がしばしば出てくるが、彼は晩年も運動代わりに散歩を日課にしていたそうだ。お伴の者たちを六、七人連れ、道のりは一里。雨でも雪でも欠かさなかったというから恐れ入る。

獣心を成して後に人心を養う

子どもの教育法についても、福沢は「体育を先に」という感覚が強かった。「私はもっぱら身体《しんたい》の方を大事にして、幼少の時から強《し》いて読書などさせない。まず獣身を成して後に人心を養うというのが私の主義であるから」（二八六ページ）と述べている。

八～十歳になったら少し修業らしいものをさせてみるか、といたって呑気なのだ。

29節と重なる話だが、現代であれば、子どもが受験勉強をするとなったら、体育など二の次、家事は一切しなくていいという親も多い。しかし、幼少時から器用に家事などをこなしていた福沢の方が、受験勉強で机にかじりついているいまの子どもたちよりよほど勉強をしていると思う。

家事と勉強は福沢の中では矛盾しない。こまめに鍛えた体力が彼の自信になり、根気があることの証明にもなった。そう考えると、私は、福沢が評価されるべきはその天才性というより、案外に根気とマメさだったように思うのだ。

とするなら、肝心なのは、つべこべ余計なことは考えず、やると決めたことを毎日きっちり大量にこなす根気を鍛えていくことである。

努力する限り迷うのは当たり前だし、また迷う姿こそが誠実だという認識を持っていたゲーテとは対照的に、「根気よく勉めて迷わぬ者が勝を占めることでしょう」（二七三ページ）とアッケラカンと言い放つ福沢が微笑ましい。

32　理外には一銭金をも費すべからず

富者の金も貧者の金も、その貴きは一なり。理外には一銭金をも費すべからず。
（『福沢諭吉の手紙』一七三ページ）

確かな金銭感覚

福沢という人物を眺めようとすると、まず数々の偉業に目が注がれる。そのために見落とされがちだが、私は福沢ほど金銭感覚に優れた歴史的人物はそういないと思っている。

『福翁自伝』を読むと、「借金ぐらい怖いものはない」（二四六ページ）、「生れて五十年……人の金を一銭でも借りたことはない」（二六九ページ）など、福沢が極端な借金嫌いだったことがよくわかる。

また、『福沢諭吉の手紙』には、そんな福沢の経済観念が表れた手紙が数多くまとめられている。福沢は、必要とあらば金は惜しまないが、無駄遣いは嫌う。これは現代人がもっと見習っていい感覚ではないかと思う。

いまの人々は、お金を借りることにあまり後ろめたさがないようだ。家を買うときは借金は当たり前。遊ぶためのお金を、まるで自分の口座からお金を引き出すような気軽さで借りてしまう。私が紙幣発行の任にあるのなら、一万円札紙幣の福沢の顔のそばに、「相変わらず金のことは恐ろしくてただの一度でも他人に借りたことはない」（二四八ページ）という彼の言葉をフキダシにして刷っておきたいくらいだ。

企業や官公庁の借りグセ、もらいグセも目に余る。政府が目もくらむような税金を投入しても焼け石に水。その借金を返そうともしないし、経営ミスの責任を誰も取ろうとしない。

その点、福沢はお金にまつわる行動がクリーンでスピーディだ。彼は自らの貿易事業を託すかたちで門下生の早矢仕有的《はやしゆうてき》に書籍や文具の販売業で知られる今日の丸善の前身、丸屋商社を作らせている。のちに早矢仕は、福沢を筆頭株主にして丸屋銀行を設立する。ところが丸屋銀行は、松方デフレの煽りもあり、山形地方の殖産事業への貸付がこげついて破綻してしまう。福沢も多額の損失をこうむることになる。

ちょうどそのころ、同じく福沢の教え子である中村道太が、東北にあった古い「小真木銀山」を買収する。中村は、丸屋の経営や横浜正金銀行の初代頭取などを務めた人物だ。銀行倒産の苦境に喘ぐ福沢は、中村のすすめに応じてその銀山の株五十株を所有する。

銀山の再開発は成功し、株価は大きく上昇、最終的には三菱へ転売された。福沢はその利潤で丸屋銀行倒産の損失を埋め合わせた。

つまり、いまでいうインサイダー取引のような形で鉱山の株券は手放したことになるが、福沢は、投機性の強い鉱山投資で私利を得ることをよしとしない。中村宛の手紙に繰り返し「鉱山の利益は拙家の私利に属すべき性質のものにあらず」と、それで私腹を肥やすようなことはない、丸屋銀行の損失を補えれば十分だと述べている。

また、慶應義塾が都心の一等地にあるのも、福沢の機転によるものだ。明治三年に福沢は義塾を新銭座（現浜松町）から三田へ移す。その三田の屋敷は最初借地だったが、福沢は常々、払い下げにしてもらいたいと考えていた。そこで、政府筋の親しい者に面会するたびに、「東京で私有地化されている拝借地をいっそ払い下げてはどうか」と説得している。その影響なのか、翌年明治四年にとうとう払い下げ実施の噂が聞こえてくる。福沢は早速、担当者の私邸まで訪ねていき、発令の折りには知らせてくれと頼んでいる。そしていざ発令されるや否や、翌朝に「仮でもいいので」と強引に上納金を預け、払い下げの約束を取り付けてしまった。お金にまつわる動きのよさには感服するばかりだ。

福沢が関わった事業では、出版社と学校経営が有名だが、助言を与えたり、資金を提供したり、計画したものも含めると、それらは膨大な数になる。各界に弟子を送り込み、連携を取っていたその様相を見ると、つい「実業界のフィクサー」とでも呼びたくなる。

そんな福沢だが、自らの懐は生涯清廉潔白だった。現代の腐敗した世相を考えると、実に驚くべきことだ。

33　家計は現金主義

私は金銭のことを至極大切にするが、商売は甚だ不得手である、その不得手とは敢えて商売の趣意を知らぬではない、その道理は一通り心得ている積りだが、自分に手を着けて売買貸借は何分ウルサクて面倒臭くてやる気がない。（二六六ページ）

学者はなぜ金勘定に弱いのか

偉人の中にはお金にアバウトなタイプが案外多い。バルザックのように儲け話に乗っては失敗し、借金を抱え続けた者もいる。モーツァルトやゴッホのように収入が不安定で、生活苦の心労が絶えなかった者もいる。芸術家の場合はパトロンが生活を支えるのが普通なので、お金儲けが下手でもしかたがない面もあるが、学者にもなぜか金勘定が弱い人間が多い。学者は本来ものをよく知っていて、お金についても一通りの見識はあるはずなのに不思議な話だ。

私自身もかつて、学問を志した途端、金銭感覚を鈍らせてしまった時期がある。もともとないのではない。むしろ自分でもあるほうだと自負していたくらいなのに、いつしか学問をすることとお金に強いことは矛盾することのように思い込んでしまったのだ。

事実、一般に学者たちはお金に疎《うと》い。疎くてもいいと思われているし、当人たちも思っている。ある程度大きなお金を動かして事業を興すビジネスの感覚は、ピンポイント的に専門性を深めていく学問のメンタリティとは相容れない部分もないわけではない。だが、実は何の根拠もないことだ。

第一、福沢を見れば、学問を突き詰めることとお金に強いことは決して矛盾しない。現に福沢の大局を見通す感性は、学問にも金銭感覚にもプラスに働いた。

もっともさまざまな事業のパイオニアとして活躍した福沢だが、先に引用したように、実際に帳簿の数字を管理したりすることは苦手だったようだ。やればできるが億劫だ、と言う。不得手なら不得手で、そこはあっさり人に託すのが福沢流だ。そこには、得意な者がやればより効率的だという合理的判断がある。

私と公の金は別

また彼は根っからの現金主義者だ。夫人とも価値観が一致する点らしい。

「金は金でしまって置いて、払うときにはその紙幣《サツ》を計《かぞ》えて渡してやると、こういう趣向にして、私も家内もその通りな考えで、真実封建武士の机の抽斗《ひきだし》の会計ということになって、その話になると丸《まる》で別世界のようで、文明流の金融法は私の家に這入《はい》りません」（二七〇ページ）

世間では徐々に銀行預金や利息といった言葉が広まりつつあった。しかし福沢は意に介さず、「利子でトクするならそうしたい気持ちはあるが、自分には面倒くさい。支払いのときは抽斗にしまっておいた紙幣を耳を揃えて渡す主義だ」とアナログスタイルのまま飄々《ひょうひょう》としている。

だが、『帳合之法』という簿記についての実用書を翻訳したり、小切手などの手形制度を日本に導入するなど、近代の金融法を紹介したのは外でもない、福沢自身である。

彼はお金に疎かったわけではなく、自分の金銭と、経営者としての金銭や公的な金銭をきちっと分けていたのだろう。慶應義塾存続のための資金などパブリックな意味を持つお金については遠慮を持たず、政府に平気で出資を願い出たりしている。だが、個人的にお金を無心するような真似は、貧乏な塾生時代でもしたことはない。


「既に借財あれば為に自分の志を伸ばすことも叶わず、何様に心に面白からぬ事情《わけ》あるも銭を取るの路に恋着《こびりつき》して独立自由の精神《こころ》は消えて痕《あと》なく、(略)金銭の権を我《わ》れに握《つかみ》て独立快活の精神を逞《たくまし》うせんが為なり」(『福澤諭吉著作集第六巻』「民間経済録」一〇五ページ)

しかもそうしたルールはすべて、精神の自立を考えてのことだったのだから見事だ。

34　必要な金ならば使え

また学問を勉強して半死半生の色の青い大学者になって帰って来るより、筋骨逞《たくま》しき無学文盲なものになって帰って来い、その方が余程喜ばしい。仮初《かりそめ》にも無法なことをして勉強し過ぎるな。倹約はどこまでも倹約しろ、けれども健康に係わるというほどの病気か何かのことに付き、金次第で如何《どう》にもなるということならば、思い切って金を使え、少しも構わぬから（二八八ページ）

社会のために金を使え

福沢は浪費を嫌った。自分や家族の衣食住に関して堅実だったことは有名だ。そんな福沢だが、吝嗇《りんしょく》家というのとはまるで違う。必要なものには惜しみなく使ってよいと考える性分で、めりはりのある使い方がうまかった。

彼がお金を使う価値があると思ったものは、健康と教育、そして手に入りにくかった洋書である。身体が健康でなければ学問は果たせない、そして高い教育を受けさせることは親の責任だと考えていた。

その一方で、官が平気で無駄遣いすることには心底憤慨した。借金をする人には、「然《しか》るに日本の先生達は、金を視ること土芥のごとし。金のないくせに金を軽んじ、窮すればすなわちどうやらこうやらと申す奇妙不思議の腹案に依頼して、かつて憂る者なきがごとし。ただ驚くに足るのみ」（『福沢諭吉の手紙』一六八ページ）と皮肉のキツイ一撃を忘れない。

福沢は金銭でも公私をはっきり分けていたタイプだが、一度だけイギリスで洋書を買いまくり、官費からもらった手当のお金を使って莫大な金額を支払っている。当時、日本で買える洋書は限られている。海外に行くチャンスもほとんどない。必要なときには思い切って使うのは、合理的思考によるものだ。

このとき福沢が買ってきた洋書が、のちに慶應義塾に収められる。それは慶應が得意とするのは洋学だというその基礎作りに役立った。

また、「金がなければ使わなければいいだけのこと」と言っていた福沢だが、衣食住に足りる分だけあれば十分だと、経済活動を小さくまとめてしまうことには反対だった。

「若《も》しも社会の人々が寡慾《かよく》にして、衣食足れば則《すなわ》ち可なりとて、誰《だ》れも彼《か》れも小成に安んじ、大に労して大に利するの心なかりせば、迚《とて》も今日の進歩は見るべからず」
(『福澤諭吉著作集第十一巻』七五ページ)

と述べ、事業を興し、豊かな資本を作り、それを社会に還元していくことを盛んに奨励した。彼の中の「必要な金」の基準は、個人の欲望を満たすものではなく、日本の大きな力になっていくものだったに違いない。

あとがき

福沢には聖人君子のイメージがある。学問に身を捧げ、理想を貫き続けた理論家・実業家。それは間違いではないけれど、本書を読んだ後では、かなり印象が変わったのではないだろうか。

もし私が福沢について説明するなら、「彼はプロフェッショナルの啓蒙《けいもう》家だった」と言わせてもらう。日本のために八面六臂の活躍をした実業の部分の実力はものすごい。しかし、もっとも讃えられるべきは、人々が精神までをも近代化しなければいけなかった時代に、旧態依然とした思想を突き壊し、真に蒙を啓《ひら》くために活動したことだ。

かつて〝啓蒙〟はひどく軽んじられていた時期がある。ハイレベルな思想を安直にわかりやすく説くことだと誤解されたのだ。そのため啓蒙という響きには、通俗的で甘い砂糖菓子のようなベタベタとしたイメージがついてしまった。

だが私に言わせれば、啓蒙には本物と偽物、うまい下手があるだけだ。いい啓蒙を受ければ、本物のすごさを短時間で消化させることができる。あるいは、その原典など本物に向かいたくなる。逆に、下手な啓蒙では、せっかく思想に触れるチャンスがあっても、本質を逃してしまうのである。

福沢は最上級の啓蒙家として、現在も人々に大きな影響を与えうる人物だ。福沢は日本の精神や人間関係に、カラリとした明るさを持ち込んだ。いまのような時代に、彼を自分にとっての偉大なる啓蒙家にできたらそんな幸福なことはない。

この本が形になるに当たっては、光文社の古谷俊勝さんと山川江美さんに大変お世話になりました。また、三浦天紗子さんには編集協力に大きな御尽力を頂きました。生き生きとしたチームで楽しい仕事ができました。ありがとうございました。

主要参考文献

福沢諭吉著、富田正文校訂『新訂　福翁自伝』岩波文庫
福沢諭吉著『学問のすゝめ』岩波文庫
慶應義塾編『福沢諭吉の手紙』岩波文庫
福沢諭吉著『文明論之概略』岩波文庫
福澤諭吉著『福澤諭吉著作集』第五巻、第六巻、第一一巻、慶應義塾大学出版会

齋藤孝（さいとうたかし）
1960年静岡県生まれ。東京大学法学部卒業。同大学院教育学研究科博士課程等を経て、現在、明治大学文学部教授。専門は教育学、身体論、コミュニケーション論。私塾齋藤メソッド主宰。NHK教育TV「にほんごであそぼ」企画・監修。著書は『声に出して読みたい日本語』（草思社）、『ムカツクからだ』（新潮文庫）、『身体感覚を取り戻す』（新潮学芸賞受賞・NHKブックス）、『コミュニケーション力』（岩波新書）、『質問力』『段取り力』『コメント力』（以上、筑摩書房）、『座右のゲーテ』（光文社新書）など多数。
http://www.kisc.meiji.ac.jp/~saito/

座右《ざゆう》の諭吉《ゆきち》　才能《さいのう》より決断《けつだん》

2004年11月20日初版1刷発行
2004年12月20日　4刷発行

著　者 ― 齋藤孝
発行者 ― 加藤寛一
装　幀 ― アラン・チャン
印刷所 ― 萩原印刷
製本所 ― ナショナル製本
発行所 ― 株式会社光文社
東京都文京区音羽1　振替 00160-3-115347
電　話 ― 編集部 03(5395)8289　販売部 03(5395)8114
業務部 03(5395)8125
メール ― sinsyo@kobunsha.com

 ISBN 4-334-03276-1

光文社新書

167
経済物理学《エコノフィジックス》の発見
高安秀樹

カオスやフラクタルという物理の理論が経済分析にも応用できることが証明され、新たな学問が誕生した。経済物理学の第一人者が、その最先端の研究成果を中間報告する。

168
京都料亭の味わい方
村田吉弘

「料亭は本来飯屋であり、敷居の高いところではありません。普通の人が、ちょっと贅沢しよか、という時に行ける場所です」──京都「菊乃井」の主人が語る、料亭の魅力のすべて。

169
フランク・ロイド・ライトの日本
浮世絵に魅せられた「もう一つの顔」
谷川正己

二〇世紀を代表する建築家が日本で得た重要なヒントとは？今日的問題を先取りした建築と浮世絵との意外な接点とは？ライト研究の第一人者が今まで論じられなかった素顔に迫る。

170
「極み」のひとり旅
柏井壽

あるときは豪華客船で、あるときは各駅停車で、あるときは高級旅館で、あるときは安ビジネスホテルで──。一年の大半を旅に費やす著者が明かす、ひとり旅の極意とは？

171
江戸三〇〇藩　バカ殿と名君
うちの殿さまは偉かった？
八幡和郎

〝世直し〟の期待を背負って、三〇〇藩の殿さまたちは、なにを考え、どう行動したのか？　放蕩大名や風流大名から名君中の名君まで、江戸の全時代から選りすぐりの殿さまを紹介。

172
スティグリッツ早稲田大学講義録
グローバリゼーション再考
藪下史郎
荒木一法 編著

グローバリゼーションは世界を豊かにしているのか。ＩＭＦが推奨する自由化政策は、アメリカだけが富めるシステムだ。ノーベル賞学者の講義を収録、その理論的背景を解説する。

173
「人間嫌い」の言い分
長山靖生

人間嫌いを悪いものだとばかり考えず、もっとポジティブに評価してもいいのではないか。変わり者の多かった文士の生き方等を引きながら、煩わしい世間との距離の取り方を説く。